3

アドラー心理学を語る

劣等感と人間関係

野田俊作

創元社

アドラー心理学を語る 3

劣等感と人間関係

目次

装幀 上野かおる

はじめに

アドラーは後半生に、育児と学校教育をとりわけ重視しました。第一次世界大戦とロシア革命を経験して、このままでは人類の未来は暗いとアドラーは考えるようになりました。しかし、制度をいくら変革しても、人間精神が今のままでは、決して世の中は明るくならないとも考えました。そこで、育児と学校教育を通じて、共同体感覚のある子どもたちを育てれば、明るい世界がつくれると考えたのです。そういうわけで、アドラーの視点は、「どうすれば親の望む子どもを育てることができるか」ではなくて、「どうすれば人類によい未来をもたらす子どもを育てることができるか」にあるのです。

近ごろ、アドラー心理学に関する本がたくさん出版されるようになりました。その多くが日常生活や育児への応用に関する本です。しかし、先に述べたようなアドラーの視点をすっかり忘れて、「親が望む子どもを育てる方法」だの「私が望むように人を動かす方法」だのとして、アドラー心理学を曲解しているものを多く見かけます。そういう考え方はアドラー心理学ではありません。アドラー心理学が教えようとしているのは、どうすれば自分自身が共同体感覚を持てるか、どうすれば子どもたちの共同体感覚を育てることができるか、そうしてどうすれば人類全体が明るい未来を持てるようになれるか、です。

本書の最初の原稿を書いたのは一九九一年[*]のことです。長らく絶版になっていましたが、創元社から再版されることになりました。元々は「アドラー心理学を語る」シリーズの第4巻『勇気づけの方法』と本書第3巻『劣等感と人間関係』は一冊の本でした。読者の便宜を考えて、二つに分割して出版することになりました。第3巻と第4巻で、非専門家のアドレリアン（アドラー派の心理学者）が知っておくべき内容は、ほぼ尽くされているのではないかと思っています。再編集にあたって表記や用語を大幅に改めましたが、基本的に本文の骨子には手を入れない方針で、必要があれば脚注で補足しています。できるだけわかりやすい文体で書いていますので、どなたでも楽しんでアドラー心理学の実際を学んでいただけると思います。

野田俊作

＊本書の初出は一九九一年の『続アドラー心理学トーキングセミナー』（アニマ２００１発行）。

第1章

健康なパーソナリティー

1. 精神的に健康な人とは

精神的に健康な人*とは、どんな人だと思いますか。思いつくことをどんどん言ってみてください。

「明朗快活」「前向き」「身体が健康」「自分らしい」「こだわりがない」「喜怒哀楽のバランスがとれている」「自分のやりたいことをやって生きている」「生き生きしている」「情緒が安定している」……。

まあ、そんなものでしょうか。まだ、いくらでも出るでしょうけれど……。

今言ってくださった中で、私が賛成するものと反対するものがあるんです。まず、生き生きとしているとか、前向きであるとか、自分のやりたいことをやって生きていくというのは、基本的には賛成。反対に、健康なパーソナリティーの条件にならないと思うのは、身体の健康です。身体が健康でないと健康な精神が持てないというのは大変おかしな話で、それでは、障害児はどうなるのか、あるいは、我々自身が病気になったらどうなるのか。

身体がどんな状態であれ、それと関係なく心は健康でいられるだろうと思います。

*アドラー心理学の面白さの一つは、精神的な病気がないことを健康だとは考えないで、もっと積極的に健康について考えようとするところです。アドラー心理学は、医者よりもスポーツのコーチに似ています。「病気でなくなったら仕事は終わり」ではなくて、「もっともっと健康に」と欲張るのです。

◆死に瀕しても心は健康でいられる

このことで一人思いだす人がいます。私は精神科の医者ですが、大学を卒業してすぐに精神科の医者にはならないで、はじめの数年間は研修ということで内科医をやったんです。その人というのは、内科医をやって、第一号で天国（?）へ送り届けた患者さんなんです。

年は七〇ぐらい。右翼団体のボスなんです。本物の、やくざではない右翼さん。九月ぐらいに入院してきて、病気は白血病の一種で骨髄の癌。入院してすぐに、私が主治医として挨拶に行くと、「先生、どうだ」と言うから、「ただの貧血ですからたいしたことないです。二、三か月もすれば退院できます」と答えると、「嘘をつくな」って言うのね。「俺は長いこと修行をしてきたから、自分が生き残れるか、死ぬかぐらいわかる」「そんなことない、大丈夫です」と言うと、どなられましてね。「若造黙れ！　お前らごときにだまされる俺ではない」。私も参りまして、結局「どうもすみません」って言って謝ってしまった。「病気は、白血病です。長くもって、お正月を越せるかどうかぐらいです」と白状してしまったんです。

すると、その方は、「一二月の半ばごろまで命がほしい。しかも、昏睡状態ではいかん。そのときに俺が意識がないと、とても困ったことになるんだ」と言うんです。何だか知らないいんだけれどね。

「一二月のある日に、政治的な事件がある。そのときに俺が意識がないと困る。先生、すまんが、それまで何とか命を長らえさせてほしい。ただ生きているだけではいかん。ちゃんと他人と話ができる状態でないといかん」とおっしゃるわけですね。私はとうとう負けまして、「大量の輸血ができれば、それまであなたの命を長らえさせることはできるでしょう」と言いました。白血病ですから、どんどん血液が壊れていきます。だから新しい血液を輸血しないといけない。日赤に置いてある保存血ではだめで、新鮮な血がいる。で、とても苦労して新鮮血を集めました。

◆**人間はいかに死ぬかを自己決定できる**

それで、一二月のその日は無事生きて、結局お正月の三日だったかに亡くなった。家で休んでいると病院から呼び出されまして、行ったらまだ意識があるんです。そして彼が私に最初に言ったのは、「先生、すまん。正月ぐらいはゆっくりさせてやろうと思ったんだが、もうだめだ。今から死ぬので、点滴とか、酸素吸入とか、いっぱい付けているのを全部外してくれ」と言うのね。「これを外しますと、あなたはだめですよ」。すると、その方は笑って「どうせ死ぬんだから、もういいんだ。最後の頼みぐらい聞け」って言うから、「それじゃあ、外しましょう」と言って、全部外しました。

それから、奥さんに身体をきれいに拭いてもらって、白無垢に着替えました。そして「座らせろ」と言うのね。骨髄の癌ですから骨がぼろぼろになっています。「座ったら、骨が折れますよ」「今から死ぬんだから、骨の二、三本折れてもかまわん」。そこで骨が折れないように注意して座らせました。かなり痛かったろうと思う。その姿できちんと皇居のほうにご挨拶をして、横になって数時間後に眠るように息を引き取られました。

この方は死ぬその瞬間まで、精神的には健康だったと思います。右翼思想というものがどうかは別にして、彼はいつも他人のために生きました。自分が死ぬときにその主治医を呼び出したことをすまないと思った。そんなことを言った患者さんはこの人くらいのものです。彼が生きていたかった理由も、他の人のためなんです。自分のためではないんです。そして彼は死ぬその瞬間まで、自分がどのように生きていくか、どのように死んでいくかを、自分の力で決断して、選び続けました。これは非常に健康なパーソナリティーだと思います。

多くの患者さんたちは、死が迫ってくると、恐怖心に圧倒されてしまって、自分で選ぶことをやめてしまいます。そして被害者になってしまって、完全にパニックに陥ります。しかしこの方は一度もパニックに陥らずに、いつも冷静に、自分がどうやって残された人生を生きるか、そしてどうやって最後のときを迎えるかを考え続け、実行なさいました。

このように精神的な健康は、身体的な健康とは関わりがない。もちろん身体的に健康であればそれに越したことはありません。けれども、身体的にどんな状態であっても、人間は健康でいることができると思います。

感情と精神的健康の関係

もう一つは感情的な側面です。感情、つまり喜怒哀楽が自由に出せることを、私はあまり健康なこととは思わないんです。喜びのほうはいいのですけれど、怒とか哀の部分ね。怒り、悲しみ、憂うつ、不安とかいうものが、あまりたくさんあるのは、まずいなと思う。

そういった感情を、押さえつけろと言っているわけではないんです。いやな感情が起こらないで、楽しい感情ばかり起こって暮らせれば、それに越したことはないですね。そんなことはできないだろうとみんな考えます。ところができるんです。わりと簡単に。

たとえば、怒りというものを考えてみましょう。あなた方が腹を立てるのはどんなときですか。子どもが言うこと聞かない。ご主人の帰りが遅い。そんなとき、腹が立ちます。腹が立つから、どなる、嫌味を言う。こんなことはやめようと反省しても、気がつくと、またどなっている。これは、どうしようもないと言うかもしれないが、そうではないんです。

感情というものは、相手を動かすために使われているのがほとんどです。* 相手に投げつけるつぶてなのね。怒るとご主人が言うことを聞くだろう。怒ると子どもが言うことを聞くだろう。優しく言うと聞かないだろうと思うと、心はちゃんと怒りをつくりだしてくれるわけ。

怒りという感情は、相手を支配することと深く関係があります。他人を自分の思いどおり動かそうと思う人は、怒るのです。だから、他人を自分の思いどおりに動かすことをやめれば、怒らないですむわけです。

だいたい他人を自分の思いどおりに動かそうと思っているのは、あまり健康的なパーソナリティーではないですね。人はそれぞれ自分の生き方をする権利があると一方で言いながら、他方で他人は私の思いどおりに動くべきだと思っているとすれば、それは矛盾していますね。

感情には「目的」がある

一つ具体的なたとえ話をしましょう。夫が夜遅くに帰ってこられます。で、妻は腹を立てまして、「あなた、今ごろまでいったい何をしてたのよ」と怒りますね。夫

＊「怒りや悲しみやおそれというような陰性の感情は、謎めいた理解困難な現象ではなく、いつも個人のライフスタイルに合致した目的に奉仕するために現われる。そうした感情の目的とは、状況を個人にとって都合がいい方向に変化させることである」（アドラー）

はまあ「すまなかった」と言って、その後、帰りが早くなる……そういうようなときに、この妻の怒りの感情の目的は何なのかと考えると、夫を早く帰すように脅してそうさせること、これが目的ですね。

早く帰ってきてほしいのは結局、夫に好きになってほしいからだろうと思うわけですが、さてどうなるでしょうか。妻が怒ると、夫はますます妻のことを好きになるだろうか、それとも嫌いになるだろうか。おそらく、遅く帰ったときに怒られると、夫は妻のことを嫌いになるだろうと思います。*

そうしますと、この怒りの感情は、ちょっと間違った使い方をされているのではないか。なるほど夫は早く帰ってくるようになるかもしれないけれども、それは、妻のことを好きになったからではなくて、妻のことがこわいからにすぎない。これでは何にもならないのではないか。早く帰ってきてほしいんだったら、「早く帰ってきていただけませんか」「あなたが遅くなると私とっても寂しいですから」と言えばいいわけです。

◆怒りを消し去る方法

ところが妻はそう言うことができないんです。なぜできないかと言いますと、まず、そういうことを思いつかないですからね。これはありえます。で、教えてさし

*問題行動（この場合、夫の帰宅が遅い）には、必ず相手役（この場合は妻）がいます。すなわち、問題行動は対人的な行動であり、相手役に向けられた行動なのです。相手役は、問題行動をなくすための努力（この場合は、夫の帰宅が遅いときに怒る）をしますが、それでもなお問題行動が持続している場合には、相手役の問題解決努力が、かえって問題行動を持続させる力になっているのが普通です。このような相手役の行動を、家族療法家たちは「偽解決」と言います。問題行動と偽解決の悪循環ができたとき、問題行動は持続するのです。その悪循環から脱却するためには、相手役は偽解決努力をやめなければなりません。

あげます。夫が遅くなったときに怒るかわりに、「『早く帰ってきてほしいの。一人で待ってるのはとっても寂しいから、あなたが早く帰ってきてくださると本当にうれしいんだけど』と言ってごらんなさい」と言います。すると、「そんなこと悔しくて言えません」って、たいていの奥さんは言います。

なぜ悔しいか。

それは、夫と妻の関係が、基本的に競争の関係にあるからです。どちらが勝ちでどちらが負けかという関係にあるからですね。するとこの夫と妻との関係は基本的に健康ではないわけです。

先ほど言いましたように、競争に基づくような関係は、基本的な不信感に基づく関係であって、本当にいい関係ではない。

だから、「競争するのをやめなさい。負けたっていいじゃないですか、ご主人に負けたって何も損はしません。あなたはいったいご主人に勝ちたいんですか。それともご主人に愛されたいんですか。どっちですか」って言います。

「私、愛されたいんです」

「では、負けたっていいじゃないですか」

第一それは負けることではない。

「あなた、早く帰ってきてくださると本当にうれしいの。私待ってるのはつらくて

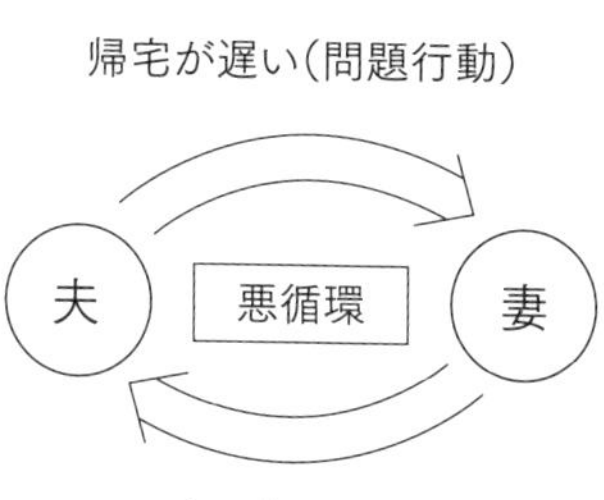

寂しいから、早く帰ってきてくださいね」って言うことが、どうして負けることになるんですか。

夫婦関係とは、どちらが上でどちらが下かというようなものではないのだと、何も脅して相手を従わせなくていいのだと、下から出て理性的にお願いをしたってかまわないのだし、また、そのほうがよく聞いてくれるのだということを奥さんが体験されますと、不思議や不思議、怒りはなくなります。そもそも怒りというものが出てこなくなります。心の中のどこを探してもなくなります。

このような状態が健康だと思うのです。ですから、怒りを素直に表現できているというのはまだ未熟な、子どもっぽい状態だし、いつも怒りを感じているというのは、その人の対人関係が基本的に勝ち負け、競争の関係にあるからだと、不健康な状態にまだあるからだと、我々は考えます。

今言ったような、協力的な関係、信頼関係に入ってきますと、怒りとか、憂うつとか、不安とかいうものがそもそも出てこないのだと、それよりももっと便利な方法をたくさん身につけるので、出てこなくなるのだと、従ってそういうことについて論じなくてよくなるのだと、そのように考えます。

◆人は妙な感情の使い方をする

このあいだ、あるところからアンケートが来て、その中に、「最近、腹を立てたことはないですか」って書いてある。考えたんですが、今ではほとんどないんです。なぜかというと、今ではアドラー心理学がすっかり身についたから。腹を立てずに暮らす方法を学んだから。

憂うつとか不安というのも、ないほうがいい。憂うつというのは、過去の出来事、過去の失敗をくよくよ考えることですね。それをやっても何も変わらない。不安というのは、未来の出来事をくよくよ考えることですね。「明日雨が降るかなあ、降ったら困るなあ」って考えるのね。考えたって起こるときは起こるし、起こらないときは起こらない。だったら、考えないほうが得です。

私はよく言うんですけれど、人間というのは、妙な感情の使い方をする。急ぎの会合があってタクシーに乗ろうとしたら、全部通りすぎてしまった。時間はどんどん経っていく。普通、人はそんなとき焦りはじめますね。不安になって、いらいらしますよね。しようがないんです。いらいらしてもタクシーは止まってくれない。止まってくれるまでは、手を上げながら、「この街の人はきれいだなあ、会議なんかやめて、お友達になろうかなあ」ぐらい思ってすごしてもいいわけですよ。

タクシーに乗ったら乗ったで、もっと速く走れないかなといらいらする。いらいらしてもタクシーは速くならない。窓から景色を見ているほうがいい。会議に遅れたことを謝らなければならなかったら、着いてからドアの向こうぐらいで、ひどく困った顔をすればいい。それで何ら問題はない。ところが、ずっとみんな不安になって、腹を立てて、お腹が痛くなって、頭ががんがんして……と、こういうことは自分の健康をつぶしているだけです。

なぜ、そんなことをするのかというと、そうすることには目的がある。アドラー心理学が面白いところは、人間の行動の原因を考えないことですね。どんな原因でこうなっているかということは絶対考えない。どんな目的でこんなことをしているのかということだけしか考えない。*

このあいだ、面白い子どもが相談に来ましてね、その子は学校へ行けない。お母さんの言い分では、頭が痛いのが「原因」で、学校へ行けないのが「結果」だというわけね。本当は違うので、学校へ行きたくないのが「原因」で、頭が痛いというのがその「手段」です。

最初に学校へ行きたくないというのがあるわけですね。それがまあ、原因。その結果として、頭が痛くなる。だから、頭痛を治してもしようがない。頭痛を治したら、今度は身体がしびれるかもしれない。しびれを取ったら、今度は胃が痛くなるかもしれない。学校へ行きたくないという究極の目的がある限り、あらゆる手段を

*「健康な精神生活についても病的な精神生活についても、最も重要な問いは、『どこから？』ではなくて、『どこへ？』である」（アドラー）

使って行かないのです。

だから、その究極の目標のほうを触らないと、絶対に何も解決しない。ところがみんな原因ばかりを考える。頭に何か病気があるんじゃないだろうかとか、医者に「身体は何ともないですなあ」と言われると、学校でいじめられたんじゃないかしらとか、先生が何か言ったんじゃないかと考える。

◆悪いあの人、かわいそうな私ゲーム

これは、このあとの「健康なパーソナリティーになるにはどうすればいいか」という話題ともつながる話なんですが、私は不登校を考える集会によく呼ばれて行くんですね。母親主催の会では、全部学校のせいにする。学校が悪い。学校の先生主催の会では、全部家のせいにする。ときどき両方集まる会がある。ここでは、政治が悪いと言う。要するに、原因を考える考え方ですね。この原因はいったい何だろうという考え方は、結局自分の責任ではないということを言いたいだけなんです。

たとえば学校の先生が、不登校児が出たら考えないといけないことは、「これは誰の責任か」とかいうことではなくて、「私に何ができるか」ということなんです。自分の子どもが不登校児になったときもそうで、「誰の責任か」ということではなくて、「親である私には何ができるか」ということが考えなくてはならないことです。

ところが、これだけは考えないのね。誰かに何とかさせようとするんです。そうなると、責任者探しがはじまる。学校の先生、あるいはカウンセラー、あるいはお医者さんに何とかしてもらおうとする。けれども、自分にいつでもできることがあるんですよ。そこへまず目を向けたい。

私は、問題児のお母さんたちの話し合いの会をよく開きます。そのとき三角形の板をつくって渡します。その三つの面にそれぞれ次の文章が書いてあります。まず、「かわいそうな私」「悪いあの人」それから「私にできること」。

問題児のお母さんたちの話は「かわいそうな私」の話ばかりです。それをやってもいいから、その板の「かわいそうな私」と書いてある面を見せながらやってくださいと言うんです。知っていてやるんだったらいい。

次にやるのは、「悪いあの人」。それは、学校の先生でありご主人であったりします。やるのはかまわないから、ちゃんと「悪いあの人」の面を向けて話してくださ い……そう言うとみんな気づくのだけれども、「私にできること」の話なんかしない。放っておいたら、九〇パーセントは「かわいそうな私」「悪いあの人」なのね。

そんなことをしていたら、何も変わらない。我々が考えなければならないのは、今この状況で、まだなお自分にできることがあるはずだということです。

さっき話した白血病で死にかけているおじいさんは、彼にできることを全部しました。「かわいそうな私」は一度もしなかった。「悪いあの人」もしなかった。ずっと「私にできること」というのを彼なりに考えた。あれが人間の生き方だと思う。原因探しばかりしていると、どんどん子どもを取り残していく。自分にできることを取り残していく。話があさってのほうへ、あさってのほうへ去っていくでしょ。これは、具合が悪い。話が過去へさかのぼるのも、周囲の社会に広がっていくのも、とても具合が悪い。全然救済にはならない。そうではないのです。いつでも我々が考えなければいけないのは、「私がこの子にしてやれることは何か」だけなんです。

2. 健康なパーソナリティーの条件

それでは、アドラー心理学は、精神的な健康、健康なパーソナリティーをどのように考えているか。まとめておきましょう。

自分を受け入れていること

まず最初に、健康な人間は「自己受容」をしている。「自己受容」というのは難しい言葉ですけれども、自己評価が高いというか、自分のことが好きであるということですね。自分のことが嫌い、つまり、自己嫌悪に陥っている人間は健康だとは言えないと思うのです。

「それでは、自分のことを好きになりましょう」と言っても、これはなかなかなれません。人間である限り不完全であり、人間である限り、さまざまな欠点がありますからね。で、「こういう欠点がある限り、私は自分のことが好きになれない」とみんな言う。しかし、欠点というものは実は使いようによっては長所だと、いつも私は思います。

たとえば、「私は気が小さい、とても臆病だ」と言う人がいたとしますね。気が小さいということは、一面考えてみると、慎重である、軽率な行動をしないということです。これはその人の長所です。あるいは「私は非常に融通が利かない、とても堅苦しい人間だ」というふうに言う人がいます。しかし逆の側を見ると、几帳面で非常にきっちりしているということですね。あるいは「私は非常に暗い性格だ、人づきあいが下手だ」というふうに言う人がいます。これは逆の面から見ると、他人の気持ちをよく推しはかる、ずけずけと無遠慮に他人の中に入っていかない、感受性が強いということでもありますよね。

そのように自分の性格の長所の側、同じもののよい側を知っているということがあると、自分自身を受け入れることができるようになります。自分に自信ができてきて、自分のことが好きになるわけですね。

アドラー心理学の創始者であるアルフレッド・アドラー＊は、いつもこのように言いました。

「何が与えられているかが問題ではなく、与えられているものをどう使っているかが問題だ」＊＊

これは性格についてまさに言えることで、我々がどのような性格を持っているかということは、実はたいした問題ではないのだ、持っている性格をどのように使う

＊アドラー（Alfred Adler 1870–1937）
オーストリア生まれのユダヤ人精神科医。一時はフロイトと一緒に研究していたが、のちに訣別して個人心理学とも呼ばれるアドラー心理学を開発した。著書に「アドラーセレクション」として『人生の意味の心理学』『個人心理学講義――生きることの科学』『人はなぜ神経症になるのか』（いずれもアルテ刊）などがある。

＊＊「重要なことは、何を持って生まれたかではなく、与えられたものをどう使いこなすかである」（アドラー）

かということこそが、本当に大切なことなのだ、ということですね。

◆自分という道具を使いこなす

たとえて言うと、我々の心、身体というものは、スポーツの道具のようなものです。テニスのラケットやゴルフのクラブは、気に入らないと買い換えることができるでしょう。どんどん新製品が出てきて、新しいのを買えるわけですけれども、我々の心、我々の身体という、我々の人生というゲームの道具は、残念ながら買い換えることができないんですね。かなり癖のある道具かもしれません。けれども、この癖のある道具を使うしかない。

で、この道具を充分に使いこなすためには、自分の持っている道具に決して不満を言ってはいけない。これをまず好きになることですね。癖があるままで、問題点があるままで、まず好きになることです。

ですから健康なパーソナリティーの最初の条件は、「自己受容」、自分を受け入れるということです。

世界を信頼していること

それでは、自分が好きであればそれで何も問題はないか、というと、ただそれだけだと、自己中心的になり、思い上がって、エゴイズムに陥る可能性が大いにありますね。やはり、他人との関係ということがとても大切です。

他人との関係でどんなことが大切かというと、まず、他人を信頼する、この世界を信頼する、自分の運命を信頼する、外側のすべてを信頼するということ。これがとても大切だと思います。

自己嫌悪に陥っている人が健康でいることができないのと同様に、他の人たちへの不信感に凝り固まっている人々は、決して健康であることはできません。そのような人たちは、被害妄想に陥って、「みんなが自分のことを馬鹿にしている」だとか、「みんなが私を迫害する」だとかいうことを考えるのがおちで、決して健康な生活を送ることはできません。

もちろん他の人たちにはさまざまな問題があるでしょう。けれども、そういう問題のある人たちと協力をして、力を合わせて生きていくしか、人間が生きていく道はないんです。協力をするということ、つまり、信頼に基づいて、不必要に競争をしないということ。

今の社会は競争社会です。その中で我々は他の人たちを蹴落として、自分の立場をよくするトレーニングを延々と受け続けなければならない運命にあります。しかしこのことが、我々の不健康の一つの大きな原因であると、アドラー心理学は考えます。

何とか競争という対人関係を脱却して、協力という新しい対人関係に入っていきたい。そのときはじめて我々は健康な生活を送ることができるのではないか。*

また日本人はよく他人と自分とを比較します。「あの人にくらべて私は劣っている」とか、「あの人にくらべたら私は優れている」とか、というふうな考え方をしますが、これもやはり、競争の一種だと思う。そしてこれは他人に対する基本的な不信感、あるいは自分に対する自信のなさの裏返しであると思うんです。

自分のことが好きであり、他人のことを信頼している人は、自分と他人とを不必要に比較しないと思います。そのように自分を好きであること、他人を信頼していること、これがまず大きな条件だろうと考えます。

そういう他人、信頼する他人によってつくられているこの世界は、とても安全なところだと、ここは戦場ではないのだと、ここは勝つか負けるか、生きるか死ぬか、食うか食われるかの場所ではないのだと、みんなが協力して、一つの理想を実現していく場なのだというふうに、この世界をとらえること。

集団の一員であり、私にはこの世の中にちゃんと自分の場所があるのだと、感じられるというようなこと。そしてみんなは私を傷つけようとしているのではないのだと、助けてくれようとしているのだと信じられるということ。これも大事な条件

*「競合的な人は勝てるときだけ参加する。競合的でない人は、他人が何をしているかを気にしないで、自分が何をすべきかをもっぱら考えるので、現代社会の激しい変化の中でよりよく生き残ることができる。競合性は、仲間や、さらには家族をさえ、潜在的な敵にしてしまう」（ルドルフ・ドライカース）

アドラー心理学の考えるパーソナリティー

健康なパーソナリティー	不健康なパーソナリティー
高い自己評価 自分のことが好き 自分の長所を知っている 自分に自信がある	低い自己評価 自分のことが嫌い 自分の短所ばかり気にしている 他者からの評価ばかり気にしている
世界への基本的信頼 他者を信頼している 他者と協力しようとする 自分と他者を不必要に比較しない	世界への基本的不信 他者に不信感を抱いている 他者と競争しようとする いつでも自分と他者を比較する
集団への所属感 集団の一員だと感じている 自分も他者も対等だと感じている 他者の関心に関心がある	集団からの疎外感 自分だけのけものだと感じている 自分だけが特別な例外だと感じている 自分の関心しか関心がない
責任感 自分の行動に責任をとる 他者にも自分と対等の権利を認める 他者の意見や行動に寛容である	無責任 自分の行動の責任を他者に押しつける 自分だけ特別に権利があると主張する 自分の考えを他者に押しつける
貢献感 建設的でありたいと望んでいる 状況の必要に対処する 他者の役に立ちたいと願っている	利己主義 破壊的になっても自分の要求を通す 自分の必要にしか対処しない 他者からのサービスをあてにしている
勇気 自分の不完全さを受け入れる 他者を勇気づける 真剣に努力して不必要に悩まない	臆病 虚勢を張る 他者の勇気をくじく 深刻に悩むだけで実行しない
誠実 自分にも他者にも正直 失敗の責任をとる 冷静に問題に取り組もうとする	欺瞞 自分をも他者をもいつわる 失敗すると言いわけばかりする すぐに感情的になってパニックに陥る

です。

◆「信頼」と「信用」の違い

人を信頼できるというのは、信用できるというのとは違うんです。信用するというのは、たとえばこんなことです。銀行に行くと、私に信用があれば貸してくれます。我々の側に返せるという確実な根拠があって、それを見せると信用します。こういうのが信用です。そんなのは、誰でもできます。人を信頼するというのは、そうではなくて、証拠がないのに、信用するということなんです。

ある非行少女なんですけれど、私の財布を持って帰ってしまったんですね。お母さんから電話がかかってきて、「先生の財布がうちにあります」と言う。財布の中にカードやなんかが入っていまして、名前がついていたんです。お母さんは、お届けしますと言うので、「届けてきてもらったあと、家に帰ってどうしますか」って聞いたら、「叱ります、今までこんなことがしばしばありましたから」と言う。「叱ってどうなりましたか、叱ってもまた同じことをしたのだから、あまり効果がないように思う。今回実験的に、知らんぷりをしませんか」。で、お母さんは、まったく知らんぷりをした。

すると、子どもが気持ち悪がりまして、とても機嫌が悪くなったんですって。ちょっと外泊なんかしたりして、お母さんに口をきかない。そのうち、その子どもから電話がかかってきて、「先生、あれは私が盗ったのではない。家に帰ったら、かばんの中に入っていたの。きっと、他の友達が私にいやがらせをするために入れたんだ」と言う。二万数千円入っていたと思うんだけれど、戻ってきた財布には、お金は全然入ってなかった。「お金ははじめから入ってなかったでしょう、先生」と言うから、「そうだと思う。はじめからあなたが盗ったと思っていないよ。だから、お母さんにも、持ってきてもらうだけでそれでよかったんだ」と私は言ったんです。

それから一か月ぐらい来ないの。一か月ぐらいしたら、何やら知らんぷりをして来はじめましてね。それからしばらくしてふと気がついたら、私の財布の中に、二万数千円のお金が増えている。

子どもにはだまされるほうがいいと思う。亭主にもだまされたほうがいいと思う。女房にもだまされたほうがいいと思う。徹底的にだまされていると、だませなくなる。

◆夫の浮気をやめさせる一言

会社にお勤めのご主人に若い事務の女の子が、「課長、ちょっと折り入ってご相談があるんですけど」と言うので、仕事が終わって、食事を一緒にした。この課長の奥さんが嫉妬深いんですね。六時半までに帰らないと、「あなた、浮気したんでしょう」と言って、ひどく怒るような奥さんだった。ところが相手が可愛い子ちゃんなものだから、つい調子に乗って話しこんでいるうちに、八時ごろになってしまった。それどころか、口説くと落ちそうな雰囲気になってきた。

このとき、その男は考えますね。今から帰ったら、「あなた浮気してたんでしょ」って言われて、麺棒で二、三発殴られる。これからラブホテルにでも行って一〇時すぎに帰っても、「あなた浮気してたんでしょ」と言われ、やはり麺棒で二、三発殴られる。起こることは一緒です。どちらを取ると思いますか。たぶん、ラブホテルに行きますよ。

一方、もし奥さんが全然違ったタイプだとしたら、どうでしょう。全然疑わない。馬鹿ではないかと思うぐらい疑わない。遅く帰っても、「いつもお仕事ご苦労さま」。口紅がついていても、「満員電車でついたんじゃないかな」と言うと、「ああ、そう、ご苦労さま」というような奥さんだったとする。同じ状況で八時ごろになった。今から帰っても、「お仕事ご苦労さま、いつも遅くまで大変ね」と言うし、ラブホテルに行っても「お仕事ご苦労さま、いつも遅くまで大変ね」と言う。どちらをとりますか。やっぱりラブホテルに行くと思うね。そこは一緒なんです。一緒なんですけれど、四、五回行ったとして、帰ってから、一方は「浮気したんでしょ」。もう一方は「お疲れさま、ご苦労さま、本当にこのごろ遅いのね、大変ね」って言われたら、どちらが浮気を続けて、どちらがやめると思いますか。

私は男ですから、よくわかりますが、浮気して帰って、お疲れさまを言われたら、やりにくいですよ。「実は……」と言いだせないですしね。ひどく困る。やめますよ、早晩。疑ってくれれば、かえって楽だと思う。疑ってくれさえすればこっちのもので、「違う、そんなことをすると思うのか、俺を信頼できないのか」と言えると思うけれど、本当に信頼されると、そんなことは言えない。

子どもも同じです。ちょっと遅く帰ってきたら、「また誰かと悪いことをしてたんでしょ」と言われると、子どもは楽なんですが、「遅かったのね、寒かったでしょ。こっちへ来てお茶でもおあがり」と言われると、「あれ?」と、戸惑ってしまいます。信頼されたとき、人間はとても困る。

◆ビジネスでも信頼が第一

これは、外国向けの大きなプロジェクトをやっている、ある会社の若手の社員の人から聞いた話です。

そのプロジェクトは、彼が立案して課長のところへ持っていったら「こんな危ないことは、俺は賛成できん」と言われた。「これは大事な案件だからぜひやらせてください」と言うと、「じゃあ部長のところへ直接行ってこい」。これはだめだなと思ったけれど、部長のところへ持っていったら、部長がたいして読みもせずに、ぽんとハンコを押してしまった。「あの、説明は?」って言ったら、「説明はいらん。君がやるんだというなら、大丈夫だろう。まかせるからやりなさい」と言った。彼は困りましたよ。さんざん説明して、説得してからだったらね、「失敗しました」と言うのもちょっと言いやすい。「でも君だったらできるだろうから、好きなようにやりなさい」と言われたら、これはえらいことです。

◆人に対して白紙の小切手を切る

そんなものです。だから、我々が自分の子どもたちや自分の配偶者や、自分の家族や自分の友人を、どこまで信頼し、白紙小切手が切れるかということです。白紙だから、どんな金額でも書きこめる。それを相手にあげて、「あなただったら悪いようには使わないだろうから、自分が一番いいと思うように使いなさい」と言えるかどうかです。

母親や教師はよく、「あれだけしてやったのに信頼を裏切られた」と言う。裏切られる信頼は、信頼ではない。裏切られるのは、信用。それは取引なんです。「あなたがちゃんとやったときだけ、あなたを好きになってあげますよ」ということ。そんな条件のついた愛情は、愛情ではない。

　ある男性が夫婦喧嘩をしまして、離婚すると言って、両親のところへ帰ってきた。男も弱くなったもので、「里へ帰らせていただきます」をやるのは、このごろは男のほうなのね。で、親父が何を言うかなと思っていたら、どんなことがあったのか聞きもせず、仲直りしろと言いもせず、「お前は俺の息子なんだから、どんな事情があったにせよ、親としてお前に味方しないとしようがないな」って言った。

　それはそのとおりだと思う。これが信頼するということだと思う。本人なりに一生懸命やったんだろう。とうとうどうしようもなくなって、離婚することにしたんだろう。そこまで親が信頼してあげるほうがいいと思う。手を出さない勇気がいると思う。この子たちの力ではできないんだから、ここで一肌脱いでやろうと考えていると、余計話がややこしくなるだろう。信頼とは、こういうことです。

◆所属感を持つことも大切

　もう一つ「所属感」と言ってもいいでしょうね、この世界は私の世界だ、私はこの世界の一員である、この世の中に……この世の中にと言って大きければ、たとえば家族の中に、職場の中に、自分の居場所があるということ、私の役割があるということ、そういうことを「所属感」と言いますが、そういう所属感を持っているということも、とても大切なことですね。

我々人間の一番基本的な本能は何だろうか、ということが、アドラー心理学の学者たちの間で討論されたことがあります。普通、常識的には生存の欲求、生きていく本能が一番根本的な本能だと思われているんですが、どうもそうではないようです。

最も根本的な本能は所属の本能ではないか。人間にとって、この世の中に属するということ、みんなの仲間であるということが、一番根本的な本能ではないか。であるからこそ、人間は自殺ということができるわけです。所属に失敗したときに、人間は自分の命を絶つことがあります。それは生存の欲求、生きていく欲求よりも、この世に所属する欲求のほうが強い証拠だと考えられます。

我々にとって所属ということ、この世界に属するということは、そのように非常に根本的に大切なことなんです。ですから、私はちゃんと安全に、このいい世界に所属できているという感覚があるということ、これは、我々の精神的な健康を保証する上で、とても大切なことだと思うんですね。

貢献感を持っていること

ただ、それでは我々は受動的にこの世界に所属をしていればいいのか、みんなに助けられて生きていればいいのか。そうではない。我々も他の人たちに対して援助を返さなければならないのだと、みんなから援助されると同時に、我々がみんなを援助しなければならないのだと感じていなければなりません。自分は役に立つということ、他の人たちの役に立つということを感じていなければならない。「貢献感」を持つということね。

みんなはいい人だけれども、私はまったく役に立たない人間だと思っていると、その人は不幸です。人間の幸福の条件、健康の条件として、他の人の役に立つということ、現に役に立っていなくても、役に立つことができると感じられるということが必要です。

このことを健康の条件にあげているのは、アドラー心理学だけではないかもしれないけれども、アドラー心理学の非常に大きな特徴です。「自己受容」あるいは「信頼感」「所属感」というものを健康の特徴にあげている心理学者たちは多くいますが、「貢献感」ということを条件にあげている心理学者は、アドラーがその代表的なもので、他にはそれほどたくさんはいません。

いつも建設的でありたいというふうな望みですね。アドラーの高弟のドライカースはこういう言い方をしています。

「ある出来事が起こったときに、健康な人は、これはみんなにとっていったいどういうことだろうか、他者にとってどういうことだろうかと、まず考える。不健康な人は、これは自分にとってどういうことだろうかとまず考える」

ある状況をみんなのものとして、みんなにとっていいことか悪いことかを最初に考え、その中で自分のできる役割を考えていくということ、これが健康の大きな条件だと思います。

◆貢献感に欠けた人の陥し穴

貢献感について、私はアルコール依存症のおじさんに教えてもらったんです。彼は肝硬変で、すでに亡くなりましたが。田舎の山持ちの一人息子でした。五〇いくつも山があって、何もしないで食っていけるわけです。一年にひと山ずつ山の木を切っていきますと、五〇年目に元の山に戻ります。五〇年経つと、すっかり杉は育っていますから、莫大な収入が毎年毎年あるんだそうです。

お父さんが亡くなって、若社長になって出勤をしますと、番頭さんたちが「若社長、先々代から我々がずっとやってきていますから、若社長のほうはあまり口を出さないでまかせてください。ちゃんとやりますから。お金もちゃんと渡しますし、経営のほうはまかせて、好きなことをやってください」と言う。

この若社長は三代目ですから、おっとりしたもので、番頭さんの言うとおりにして遊びはじめた。やりたいことはひととおりやって、まず一番最初に飽きたのが博打。全然才能がなくてすぐやめました。次が女遊びね。うらやましいことを言うもので、女というものはたくさん遊ぶと結局同じだと言うんですね。それで、面白くなくなった。

しかしお酒だけは縁が切れなかった。お酒は裏切らないですからね。そのうち結婚して子どももできた。それでもお酒がやまない。まあ、彼が飲んだくれていても、別に誰も困らなかった。収入はちゃんとあるし、悪い酒ではない。ただ、機嫌よく飲んでいるだけです。友達にもばんばんおごるんですけれど、それも莫大な大金持ちだから、全然こたえない。

とうとう肝臓がへばりまして、三〇代の後半で肝硬変になって入院した。ところが病院を脱け出して飲むんですよね。内科の先生が困って、私のところへ来て、ちょっとあいつを説教してくれと言った。それで彼の話を聞いたんです。そしたらね、やっぱり気の毒なのね。彼はいい大学を出ていまして、結構男前だし、自分の能力に自信があります。自分のことが嫌いではありません。番頭さんたちが彼を裏切って、会社を乗っ取るなんてことは全然思っていなくて、一生ちゃんとやってくれると思っている。暖簾《のれん》がありますからね。そんなことをしたら、取引先から顰蹙《ひんしゅく》を買って、会社がつぶれます。だから番頭さんはちゃんとやってくれる。奥さんも別に彼を裏切るつもりはない。だから、他人のことを信頼しているのです。

ただ、自分が役立たずだということがひしひしと伝わるのね。「私はこの世にいなくてもいい人間だ」と感じずにはいられない。酒を飲んでいるときだけそれを考えないですむ。素面《しらふ》でいると、「俺は何のために生きているのか」と考えてしまう。こういう依存症は治らないのね。全然だめなんです。

私は言った。「そんなことしていたら、あなた死にますよ」

「死んでもかまいません。生命保険に入ってますし、どうせ会社は息子に相続されますし、何もかまいません」

「奥さん嘆くでしょう」

「今だって、たいして役に立っていないんだから……」

◆子どもの貢献感を奪わないように

今の子どもたちの不幸は、これなんですよ。自分は、この一家になくてはならない存在だという感じを持てない。家事の労働量が減りまして、子どもの分担がないですから。

私たちの子どもの時代には、家事の割り当てがあって、私は、薪割りと庭掃除をよくやらされた。薪割りをしますと、親は「やっぱり男の子ね、お母さんにはそんなにうまく割れないわ」って言う。つい、いい気になって、またやります。

私の男の友人に、料理がものすごくうまいのがいるんです。そのへんの主婦には絶対負けない。どうしてうまくなったかというと、彼の母親がしつけたからです。どうやってしつけたかというと、何か料理するでしょ。仕上がり間際になって、小学生の彼に「味をちょっと見てちょうだい。お母さんより、あなたのほうがよくわかるから。おいしいとかまずいとか言っちゃだめ。何が足りないか、何を入れればいいか言ってちょうだい」。

そう言われると、何か言わないといけないような気になって、「ちょっとお醤油を」とか言うわけ。それって、当たっていないかったかもしれない。でも彼が言うとおりやって「やっぱりあなたに言ってもらうとおいしくなる」って言うわけです。

彼はすっかり誤解してしまって、自分はとても味覚が鋭いんだと思ったのね。そのうちだんだん乗せられて、「あら、魚焼けるの。あなたが焼いたほうがきれいね」と言われると、次から自分一人で焼いている。小学校四年生のころには、完全にエプロンを着けていました。学校の帰りがけに、ランドセル背負って市場に行って材料を買ってきて、その日の晩のおかずをつくるわけ。

両親は共稼ぎだったから、それは作戦だったと思う。けれどもこの乗せ方はうまいと思う。だから彼は小さいときから、すごい貢献感を持っており、役に立てるんだと誤解して育った。料理がうまくなるだけではなくてね。

これは大事だと思う。だから、自分の子どもでも、会社で部下を育成する場合でも、いかに「あなたはなくてはならない存在で、あなたがいるからとても助かる」と言うチャンスを絶えずつくりだしていくかというのが、健康なパーソナリティーに育てていく条件だと思う。

何もかも親がしてやったらいけないということですね。うちでは小学校に入ると、目覚まし時計がプレゼントされる。そしてこんなふうに言うんですよ、「幼稚園の子どもは一人で起きてはいけないんだけれど、小学校に入った子どもは一人で起きてもいいの。よかったね、今日から一人で起きることができて」。

そうしたら、お兄ちゃんが妹に言うんです。「お前は、お母さんに起こしてもらわないと起きられないけど、僕は一人で起きられるんだ」。だから、うちの子どもたちは早起きが得意なんです。ときどき私が早く起きなければならないときには、子どもたちに頼むんです。「すみませんが、起こしてください」と。すると「ほんとお父さんはだめね」と言いながら起こしてくれる。彼らに貢献感ができる。

親が万能だという顔をすると、子どもは役立たずということになりますね。お料理もあなたより上手、お裁縫もあなたより上手、何でもできる、あなたは何もできない、という設定はとてもよくない。あなたのほうがこれは上手、助けてもらって助かるという設定のほうがいい。会社の上司でもこれは基本的に同じです。

誠実であること

神経症的、あるいは精神病的であるということはどういうことであるかというと、自分あるいは他人を嘘でいつわることです。無意識的な嘘です。意識的な嘘ではありません。

無意識的に自分あるいは他人をいつわることを病的であるというふうにアドラー心理学では考えますので、自分に対しても他者に対しても正直であるということ、誠実であるということ、そしていつも、目の前にある問題に、冷静に誠実に取り組もうとする姿勢を持っていること。これを健康の条件だと考えるんですね。

共同体感覚を持っていること

これらのことを我々はまとめて「共同体感覚」という言い方をしています。「共同体」とは少し聞き慣れない用語ですね。社会であるとか集団であるとかいうような言い方であれば、よく耳にすると思いますけれども、「共同体」っていったい何だろう。

まあここでは、さしあたって自分が所属する集団、すなわち家族、学校、職場、あるいはもう少し大きく言えば、社会であり、国家、あるいはもっと大きく言えば人類というふうに、自分が所属しているその集団のことをすべて「共同体」と言っているのだと考えてください。

何か自分は共同体の中にいる、そして共同体の一員である、共同体から養われている、そして共同体に貢献しているという、そういう感じを「共同体感覚」と言います。

Q&A

――自己受容に関連して、現状のままの私でいいというふうに思ってしまうと、人間の成長、進歩がなくなりませんか。

自分が好き、自己受容ということは、まったくそのままの自分を認めるというより、自分の不完全さは知っている、知っているけれども、そのことについて感情的に自分をとがめないのだ、というふうに理解すると一番いいのではないかと思います。

自己受容ができない人というのは、非現実的に高い目標を持っている場合が多いようです。たとえば、「すべての人に好かれよう」とか、「決して失敗しないでおこう」とか、「あらゆる人よりもあらゆる点で優れた人間でいよう」とかいうような、実現不可能な、不合理な高い理想を持っていて、それを実現していない自分を感情的に責めるわけですね。「私はだめな人間だ、私はまったく価値のない人間だ」って。

これは馬鹿げています。だから、まず実現可能な目標を持とう……。こういうかたちの理想を持つことはいいことだと思うんです。今より向上しよう、もっとたくさんの知識を学び、人格的に成長しようと思うことはいいことだと思うんですが、そうでない現状を感情的にとがめることはないんですよ。

——社会通念や常識と言われているものは、健康なパーソナリティーの中に入らないのでしょうか。

社会通念とか常識を持っているということは、実は両刃の剣です。まず社会通念・常識そのものが、誤っている場合がありえます。たとえば戦前の日本のように、一つの時代の精神そのものが、人類共同体に対して破壊的なイデオロギーを強く持っている場合に、それと同じ社会通念を持っているということが健康であるかどうか、ひょっとしたら、それはとてつもなく不健康な状態なのではないか。

で、これは大変難しい問題なんですけれども、今自分が属している社会の通念に合致しているほうがいいのか、あるいはノーを言ったほうがいいのか、判断に迷ったら、一番大きなスケールで共同体というものを一度考えてほしいと、アドラーとその後継者たちは言います。

つまり人類、それも現代だけの人類だけではなくて、これから先、未来永劫の人類、人類が存続する限りの人類の利害に立って、いったいどうなのか、今どう行動すべきなのかを考えたら、正しい行動の指針は出るだろうと……。

それをコモン・センスというふうに言っています。故意に常識とか良識とか訳さないで「共通感覚」という非常にこなれない用語を使っていますけれども、共通感覚に基づいて行動すること、これは大事だと考えていますが、社会通念とか常識というものについては、むやみにそれでいいとは言えない。

3. 健康なパーソナリティーになる方法

精神的に健康なパーソナリティーになるコツをいくつか言いましょう。一つは私にできることは何かを、絶えず考え続けること。人を変えようと思っている限り、相手は変わりません。私が変わろうと思ったら変わる。この世の中で変えることができる人間は、自分一人だけ。

昔ある山伏さんがいまして、四〇歳の誕生日に決心をした。「これからは、雨の日も風の日も毎日毎日滝に打たれて修行しますので、どうか神様仏様、世界人類を信心深い善人にしてください」と誓いを立てた。で、一〇年間修行したんですけれど、何も変わらなかった。五〇歳の誕生日にもう一回誓いを立てなおした。「神様仏様、世界人類全部は、私の力にあまりますから、親戚知人顔見知りを何とか救済してやってください」と、さらに一〇年間修行したけれど、何も変わらなかった。六〇歳の誕生日に、「親戚知人も私の能力では無理ですから、親兄弟家族だけでもまともな人にしてやってください」と、一〇年間修行したけれど、何も変わらなかった。七〇歳の誕生日に「せめて私だけでも何とかしてください」と言ったら、雲の間から神様の声が「どうして最初にそれを言わなかったんだ」と。

私自身だけはいつでも変えられる。他人は変えられない。それを、自分は少しも変わらないで、他人を変えようとするから何も変わらないのね。

◆いろいろ実験してみる

「早く帰るようにしてね」「ちゃんと勉強してから遊びなさい」などと、いくら言ってもだめなんです。亭主もそうだし子どももそう。「口を酸っぱくして言っています。まったくあの人たちはやめようとしません」と言うなら、「口を酸っぱくしてやめないとしたら、今後も口を酸っぱくして言いつづけたら、やめると思いますか、それとも続けると思いますか」と聞きます。

みんな間違っているんです。口を酸っぱくして言ったにもかかわらず、悪い行動をやめない。厳しく叱ったにもかかわらず、悪い行動をやめない。それは違うんです。口を酸っぱくして言ったからこそ、悪い行動をやめない。厳しく叱ったからこそ悪い行動をやめないんです。

つまりそうやって叱ってもらうことや、口を酸っぱくして言ってもらうことが悪い行動の「目的」なんです。そうやって関係を持とうとしているんです。

今までやって無駄だったらやめてください。それが一番簡単です。違うことをやってください。ご主人に早く帰ってもらいたいんだったら、怒りを使うのをやめること。そのかわりに何をすればいいかは実験してみないとわからない。先に早く寝たら、主人も早く帰ってくるようになるかもしれない。にこやかに迎えて、「まあ、お帰りなさい。お疲れさま」と言ったら早く帰ってくるようになるかもしれない。気持ち悪がって、もっと遅くなるかもしれないけれどね。

私たちの頭はあまりあてにならないんです。私は理科系で自然科学をやりましたから、その考え方はとても役に立っている。自然科学は、実験の学問なんです。こうかなと思ったら実験してみる。でも、たいてい違う。たいてい頭で思ったことと実験の結果は違うんです。人間の頭というのはそんなに賢くない。だからやってみるまでわからない。やってみると、はっきりわかる。

ところが、叱ったら直るはずだという変な理論を持っていますと、叱って直っていないのに、それが見えないのね。もう少し虚心坦懐に何が起こっているのか見れば、何をすればいいのかすぐわかります。

世間の、いわゆる「お節介屋」さん、まあ親切というか何と言うか、とにかく世話をして、とてもうれしがっている人がいるわけです。ときどきそんな人に言ってあげるんです。「あなたがとてもいいことをしてあげているのはわかります。ただ、相手がどんな顔をしているか観察してらっしゃい」と。

一度も見たことがないの、相手の顔を。自分がいいことをしていると思っているから、相手がいやな顔していても全然気がつかない。そういう人たちは、一週間も相手を観察するとすごいショックを受けます。

人間は、思いこみが強いと現実が見えなくなります。私たちはみんな、叱れば直るとか、うるさく説教すれば聞いてくれるとかいう思いこみがあって、その思いこみが強いので現実が見えない。そこから、脱却しないといけない。自分自身が、その思いこみからまず脱却しないといけない。自分自身が変われば、健康なパーソナリティーに自分自身がなるだろうし、周囲の人もなるでしょう。

悩むのは自分を正当化しているだけ

幸福な人間と一緒に暮らしていて、不幸でいるのはかなり難しい。ただ不幸な顔をしていると、とても賢そうに見えますね。いろいろご利益《りやく》があるんですよ。知っていますか、不幸のご利益を。

うちの子どもが非行化したとします。そのとき幸せそうに暮らしていると、みんな何か言うんですよ。「先生、あそこで恐喝しているのは、おたくの坊っちゃんでしょう。よくまあ、そんなにこにこと遊びに行けますねえ。あなたがそんなだから、あの子はそうなったのよ」ときっと言われます。それで、ひどく悩んで、不幸そうな顔をして、落ちこんで溜め息でもついていると、みんな言います。「先生がそんなに悩んでいらっしゃるのに、坊っちゃん、あんなことをして遊んでいて、悪い子ですね」ってことになって、ぜんぶ責任が向こうにいきます。

自分の子どもが問題児になって悩んでいる親というのは、エゴイストなんです。自分さえ助かればそれでいい。子どもなんかどうでもいい。結局そういうことでしょう、最終的に起こっていることは。

子どもを救いたいんだったら、子どものことを悩まないこと。子どものことを悩んでいる限り、自分の世間体とか、自分の評判とかのほうを子どもより大事にしているわけですよ。そうでなければ、悩まない。それが、悩みの目的です。悩みの目的は、「かわいそうな私、悪いあの人」をすること。つまり、子どもが問題児になったのは自分の責任ではないことを、まわりに示すことなんです。信じられないでしょう。でも、悩まない性格をはじめるとすぐわかります。

◆不登校児を学校に行かせる方法

不登校児を学校に行かせるには、どうしたらいいか。それは、とても簡単なんです。不登校の子が悩んで、二階でめそめそしていたとしますね。そのとき、下にお父さん、お母さんがいて、互いに罵《ののし》りあいをしているとしましょう。「あなたが全然家庭を顧みないから、あの子がああなるのよ」「何を言ってるんだ、お前の育て方が悪い。甘やかして」と言っていると、二階の子どもはどう感じるか。とてもうれしいんです。僕が主役。お父さん、お母さんは、僕のことであんなに真剣になっている。

お父さんとお母さんが違う対応をするとしますね。たとえば、お父さんが「今度春になったら、どこか遊びに行かないか。温泉にでも行かないか」「いいわね、ちょうどあの子も学校へ行かないで留守番してくれるし」「下の子の面倒も頼んで、行きましょうよ。夫婦二人で出かけるの久しぶりね」「お前、愛してるよ」

こんな話が聞こえてきたら、子どもはどう思いますか。「何で親が温泉に行くために、俺が家で悩んでなければいけないんだ。こんな馬鹿げた親とはつきあい切れない。俺は学校へ行く」。つまり、親が悩んでいると、子どもが家の中で居場所があるわけ。自分の特別指定席があるわけです。

親が子どものことで全然悩んでいなくて、かえって、与えられた状況を積極的に利用しようなんて思っていると、つまり「私にできること」を考えていると、子どもの指定席がなくなってしまうわけです。そうしたら子どもは学校へ行きます。

悩むというのは、いつも馬鹿げた結果しかでない。というのは、それは無責任な行動だから。悩むというのは、自分の顔だけを立てるための行動で、人を助けるために悩んだりしないから。で、まず自分が幸福になること。他人を幸福にするという能力は、不幸な人にはないんです。

◆まず自分が幸福になる

ときどき私の家へ宗教の勧誘が来ます。「神様に関心はありますか」と。その人たちの顔を見るとたいてい不幸そうな顔をしている。信仰を持っていてこんなのだったら、これはかなわない。この人たちの言うことを聞いていると、こっちまで不幸が伝染しそうになるので、だいたいお断わりするんです。不幸そうな顔をして、幸福を売ろうとするのは無理。

自分の子どもを幸福にしようと思うんだったら、自分の配偶者を幸福にしようと思うんだったら、まずその人たちは放っておいて、自分だけ幸福になることを考えることです。

親鸞聖人は、いつもおっしゃった。私は、父や母のために念仏をしたことがない。ただ一心に自分のため。* というのは、私が一日も早く生まれ変わらなかったら、父や母を救えないから。それは、そのとおりなんです。自分自身がまず幸福にならなかったら、配偶者も子どもも誰も救えない。その人たちに不幸の毒ガスをばらまくだけです。

*「親鸞は、父母の孝養のためとて、一返にても念仏まうしたること、いまださぶらはず。そのゆへは、一切の有情は、みなもて世々生々の父母兄弟なり。いづれもいづれも、この順次生に仏なりて助けさふらふべきなり。わがちからにてはげむ善にてもさふらはばこそ、念仏を廻向して父母をたすけさふらはめ。ただ自力を捨てて、いそぎ浄土のさとりをひらきなば、六道四生のあひだ、いづれの業苦にしづめりとも、神通方便をもて、まづ有縁を度すべきなりと、云々」（歎異抄第五段）

◆**理想と現実とをはっきり区別する**

健康なパーソナリティーをつくる上で大切なことをさらに言うと、理想と現実とをいつもはっきり区別しようということ。理想は現実には存在しないんです。理想というものは、我々の頭の中に存在するだけで、実際に存在するのは、この目の前のはなを垂れているこの子だけなんです、ぐうたら亭主だけなんです。このはな垂れっ子とぐうたら亭主とどうつきあうかが問題です。

大切なことは、どんな亭主か、どんな子どもかではない。与えられている亭主や子どもとどうつきあうか、です。ところがみんなは亭主や子どもを取り替えようとする。理想の夫、理想の妻というのは、早く忘れてくださいね。あれは不倫ですからね。理想の亭主と浮気しながら、現実の亭主と暮らせませんからね。

理想というのが、はっきり自分の空想だとわかっていればいいんです。わかっていればいいんですけれど、そこから現実を引き算するようになるとだめなんです。あれはただの妄想だから。楽しい空想にすぎないから。そんなものないから。相手は決して理想の亭主や妻や子どもではないから。だって、自分が理想の妻でも、理想の夫でもないんだもの。人間というのは、実に厚かましい。自分のことはぜんぶ棚上げにします。

ときどき対人恐怖症の子どもが私のところへ来るんですね。「人から嫌われるんです。みんなが変な目で見るんです」と言う。それで、「全員が変な目で見ますか」「そんなこともない」「学校へ行くと、クラスの何人ぐらいが変な目で見る?」「二、三人がすごい変な目で見る」「残りは?」「残りは、そうでもない」と言う。「つまり、全部の人から好かれたいというのが君の悩みですか」って聞いたら、「そうだ」と答えた。「そしたら、君はすべての人を好きになれますか」って聞いたの。「それは無理です。やっぱり嫌いな人はいます」。自分がすべての人を好きになれないのに、すべての人から好かれようというのは、ちょっと厚かましい。

自分が理想の人間ではないんだから、相手にも理想の人間を求めないほうがフェアでしょう。不完全な人間同士がどうつきあっていくか、これが我々人類の課題なんです。

第2章

パーソナリティーの形成

4. 性格はどのようにしてつくられるか

性格*、パーソナリティーのことを、アドラー心理学では正式には、「ライフスタイル」という言葉を使います。ですから、今後はなるべく「ライフスタイル」という言葉を使っていきたいと思います。

なぜ性格であるとか、人格であるとか言わないで、「ライフスタイル」という、ちょっと耳慣れない言葉を使うかというと、もちろん理由があります。

まず、「ライフ」という言葉ですが、ライフというのは英語で三つぐらいの意味があります。

第一番目には「生命」。ライフ・サイエンスと言うと生命の科学でしょう。

第二番目には「人生」。ヒューマン・ライフと言いますと、一生の人生というようなことですね。

第三番目には、毎日の「生活」、デイリー・ライフ。日常生活と言うときの生活。

ですから、ライフという言葉は、「生命」「人生」「生活」という三つくらいの意味のある、非常に含みの多い言葉なんです。「ライフスタイル」と言うときには、その

＊この章では少し厄介な話をしますし、あとのほうの話とそれほど関わりがあるわけでもないので、面倒な話が嫌いな方は、どうぞ第3章へ飛んでください。でも、性格ということに興味のある方は読んでみてください。アドラー心理学は、性格については、血液型占いや星占いよりはましなことを言います。何よりすごいのは、人間は、性格を使うのであって、性格に使われるのではないという考え方です。

三つの意味を同時に絶えず響かせているということなんです。

◆性格は変えることができる

次に「スタイル」という言葉。これは教科書どおりに訳すと、「型」ということになるわけですけれども、語源をさかのぼっていきますと、文章のスタイル、あることを言い表わす特殊な言い表わし方、その人独特の言い表わし方という意味になりますね。

たとえば、谷崎潤一郎のスタイルだとか、三島由紀夫のスタイルだとか言うときの使い方です。まったく同じことを言うのでも、人によって違う文体を持っていますね。

アドラーは、人間の一生というものは、生まれた瞬間から、自分の生活、行動でもって自叙伝を書きはじめるのだ、そして、この人生が終わるときに自叙伝は完結するのだと考えました。毎日の生活の中での行動、思想が、そっくりそのまま一つの文章のようなものだ、だからその文章の癖を「ライフスタイル」と言おうと考えたんでしょうね。これが、我々が「ライフスタイル」という言葉を使う、一つの理由です。

もう一つの理由はですね、性格、キャラクターという言葉には、生まれながらに持っているもので、あるいはそうでないにしても、子ども時代に完全に決まってしまうもので、非常に変わりにくいものだというニュアンスが含まれているわけです。性格は変わりますかという質問もよく受けますし、あるいは、これは性格だから仕方がないという言い方もよく聞きます。

で、そうではないのだ、人間の性格というのは、実はそれほど変わりにくくはないのだ、確かにある安定性を持っていて、普通はそう簡単には変わらないけれども、充分に計画された治療と言いますか、カウンセリングだとか、そのような働きかけを受ければ、予想外に簡単に変わるのだ、とアドラー心理学は考えるのです。スタイルですから、別のスタイル、別の服に着替えることもできるわけですね。

女性のスカートにたとえると、ロングスカートがはやっているときに、ミニをはいて歩くには、相当勇気がいりますね。けれどもそれはよく考えてみると、たいしたことではないですよね。

ライフスタイル（性格）の変わりにくさというのは、この程度のことなのです。自分が決心さえすれば、実は変わるので、それはかたちにすぎない、ある意味では外側にくっついているものにすぎないのです。

ライフスタイルを決めるのは自分自身

さて、ライフスタイル、つまり性格は、どのようにして発達してくるか、誰が性格をつくるかということについて考えてみたいわけですが……。

アドラー心理学では、ライフスタイルを決定する因子、ライフスタイルを決めるものは、子ども自身の決断だと考えます。

これはどういう意味かと言いますと、小さな子どもはこの世の中のことを何も知りません。ですから試行錯誤的に、行き当たりばったりにいろんなことをしてみるわけです。そして、たまたまうまくいけば、「ああ、このような状況ではこのように行動すればうまくいくのだ」と信じ、たまたまうまくいかなければ、「ああこのような行動をしてもうまくいかないのだ」と信じるようになりますね。

同じような体験が繰り返されるにつれて、その信念はますます強固なものになっていきます。そのようにしてできた信念の全体、信念のシステムをライフスタイルと言うわけです。

その中で、このようにすればうまくいくと判断し、あるいはうまくいかないと判断し、それを信じるようになるのは誰かというと、それは本人自身です。ですから、ライフスタイルというのは本人が決めていくのですね。

ライフスタイルは、生まれた瞬間におそらく発達しはじめるのだろうと思います。あるいはお母さんのお腹の中にいるうちから発達しはじめているかもしれません。けれども、発達のごく初期については今なお謎です。だって、子どもに聞いてみることはできないですからね。生まれたての新生児に向かってテストをし、あるいは質問をし、あるいは面接をして、答えを得て、ライフスタイルを診断するということは、残念ながらできません。ですから、推測しかできないわけです。

多くの心理学では、○歳児、一歳児のライフスタイルの発達について、さまざまなことを言っていますが、それは確たる証拠がない想像です。想像に基づいた思弁でしかないと思います。もちろん、そのときにライフスタイルの発達がないというわけではありません。あるのでしょうが、それについて我々は、いかなる証拠も持つことができないので、従って語らないほうがいいだろうということです。

◆ライフスタイルの発達は一〇歳ごろで止まる

ライフスタイルの発達が行なわれているということの確実な証拠を握ることができるのは、三歳ぐらいです。すなわち子どもと言語的なやりとり、お話ができるようになった時点です。それ以後ライフスタイルは、どんどんと発達をしていきます。

しかし、一生を通じて発達しつづけるというものではありません。ライフスタイルの発達は、ある時点で休止をします。経験的にはだいたい一〇歳ぐらいになったときに、子どものライフスタイルはほぼ固定して、一生そのままで使われていくと言われています。

なぜライフスタイルの発達が止まるのか……。大脳はもう少しあとまで発達します。大脳の細胞は、一八歳ぐらいまでは解剖学的には発達していきます。また大人の脳波と子どもの脳波はまったく違います。一八歳ぐらいで、だいたい大人の脳波に移行します。ところがライフスタイルは一八歳ぐらいまで発達することはなくて、一〇歳ぐらいでだいたい発達を止めるわけです。

ですから、ライフスタイルの発達が止まるのは、脳の生理的な発達が止まるからではありません。そうではなくて、思いだしていただきたいんですが、中学へ入ったころね、そのころには大人の社会がどのようであるか、だいたいわかっていたでしょう。そしてまた、大人たちも自分と同じように不完全な人間なのだということが、わかっていたのではありませんか。

その年齢までの子どもにとっては、親とか教師というのは、オールマイティーの存在なんです。非常に偉い人、何でもできる人だという感じを持っていますが、中学生ぐらいになりますと、あの人たちも我々と同じなんだ、我々もすっかり大人なんだという自覚を持つようになります。そのときに、もう自分の持っているライフスタイルでやっていけるのだと、子どもは信じるのだろうと思います。

その結果、これ以上の情報を集め、新しい生き方を開発する必要はないのだ、というふうに感じるようになります。なぜ一〇歳ぐらいにこれが起こるかというと、大人たちのライフスタイルが一〇歳ぐらいだからです。

我々大人のライフスタイルが一〇歳で生育を止めているので、子どもたちも一〇歳で生育を止める。我々が一〇歳で生育を止めたのは、我々の親たちが一〇歳ぐらいだったからです。

たとえて言うと、人間というのは、三〇になっても五〇になっても、心の中に一〇歳の子どもがいて、それが我々を操縦しているんですね。ですから、我々大人がもう少し、一四歳、一五歳まで発達すれば、子どもたちもまた、一四歳、一五歳まで発達するだろう。そして、おそらく、脳の発達が止まる一八歳というレベルまで、我々のライフスタイルも、心理的な発達も、きっと続行できるはずだと、私は思っています。

で、その後、ライフスタイルが固定されて、ずっと同じライフスタイルで一生いくわけです。なぜライフスタイルが変わらないか、これも、本人の決断です。このライフスタイルでいこうと、今さら別のスタイルを取り入れるのは不便だから、不安だから、これでいこうという決心があるわけです。逆に言えば、この決心を取り消せば、ライフスタイルは変わります。*

つまり、ライフスタイルというものは、その発達も、固定も、維持も、変化も、すべて本人の決断だけが決定因子なんです。それ以外に決定因子はないのだ、ということですね。ですから、子どもが「いったいこういう性格にしたのは誰だ!」と言ったら、「それはあんただ!」と言ってやればよろしい。そうなんです。

*「人間の性格は次の条件が整えば変わりうる。(1)苦しんでいて、しかも自分が苦しんでいるということに気づいている、(2)自分の不幸の原因を認識している、(3)不幸を脱却する方法があることを知っている、(4)不幸を脱却するためには、ある種の規範に従って、現在の生活様式を変えなければならないことを認める。これら四つは、仏陀の教えの基礎をなす四つの聖なる真理に対応する」(エーリッヒ・フロム)

5.ライフスタイルに影響を与える因子

しかし、子どもの決断は、何の材料もなく行なわれるものではありません。子どもは一定の材料、一定の情報を得て、それに基づいて決断するわけですね。いわば、子どもは会社の社長です。最終的な決断は社長が下しますが、その社長が決断を下すためにブレインがいて、いろんな資料を上げてきます。そして、こういう情勢もありますし、こういう情勢もあります、ですから決断をしてください、と言いますね。

もしもブレインが非常に偏った情報を流したとすれば、社長の決断は結果的に誤るわけですよね。逆に、ブレインが適切な情報を流したとすれば、社長の決断は正しい決断になる可能性は大きくなります。

悲観的なことを言うと、いくら正しい情報を流しても、誤った決断をする社長もいます。それは保証はできません。情報がよかったからといって、必ず決断が正しいとは保証ができませんが、しかし確率としては、子どもが決断を下し、自分のライフスタイルを決定していく上で、周囲から与えられる情報が適切であればあるほど、子どもの最終的決断もまた適切なものになりやすいと言ってもいいでしょう。

それら子どものライフスタイルに影響を与える、さまざまなインフォメーションを、ライフスタイルの「影響因」と言います。ライフスタイルには「影響因」と、「決定因」があるわけですね。決定因は、子ども自身の決断です。

◆遺伝による影響はどれくらいか

影響因として、まず最初にあげなければならないのが「遺伝」です。

しかし、遺伝というものがライフスタイルにどの程度影響を及ぼすのか、実はわかっていません。影響がないということはなかろうという程度のことです。親に子どもの顔が似るように、親のライフスタイルに子どものライフスタイルが似るだろうが、しかし、いったいどの部分がどの程度似ているのかと言われると、これはわからない。

なぜかと言うと、育児の影響と遺伝の影響とを、厳密に区別することができないからです。

もしもこんな実験ができれば、それはある程度区別ができます。すなわち、一卵性双生児はまったく同じ遺伝子を持っています。生まれてすぐに親から切り離されて、まったく違う環境で育ったとします。そういう人たちが大人になって、そして出会って、そのライフスタイルの共通部分を引っ張り出したとすれば、それはひょっとしたら遺伝である可能性が高い。けれども、これとても遺伝だと言い切ることはできないんです。なぜならば、共通の文化というものがあるからです。両方が当然出会うであろう体験というものが、たとえ違う環境で育っていても、文化が共通であればあるわけですよね。ですから、ライフスタイルの共通部分がすべて遺伝によるものだとは言えない。

一卵性双生児が生まれた途端に親から切り離されて、まったく違う環境で育つというような例がそんなにあるわけではありませんし、もちろん、実験的にそんなことするのは人道的に許されません。ですから、我々はこのことについて科学的な根拠を何も持っていないんです。

で、おそらく遺伝的な要因があるであろうが、しかし、それが何であるのかはわからない、というふうに考えておくしかないんですね。

◆知能は遺伝するか

たとえば、知能は遺伝するのかということをよく聞かれるんですけれど、これもわかりません。遺伝するかもしれませんし、遺伝しないかもしれません。なぜならば、高い知能の両親から生まれた子どもは、知能が高くなるような働きかけをたくさん受けるであろうと予測されるからです。

高い知能の両親がつくる家庭は、知的な刺激がたくさんあるでしょう。ですから、この子たちは知的に育つ可能性が高くなりますね。知的に育ったからといって、それが遺伝的な要因であるのか、あるいは環境上の要因であるのか、それを区別することはできません。

アメリカでは白人の知能指数の平均と黒人の知能指数の平均は、白人の知能指数のほうが高いんです。しかしこれは、黒人が遺伝的に劣等であるということを証明する何の根拠にもなりません。なぜならば、黒人がおかれている社会的な状況は、知的な発達を刺激する方向には向いていないからです。ですからこれは環境要因であろうと言われています。

実際、黒人にも高知能の人はたくさんいます。黒人たちも知的な関心を刺激されるような環境に育てば、白人と同じように当然、知的な人間に育っていくわけですね。

◆器官劣等性の影響

しかし、ただ一つわかっていることがあります。それは、「器官劣等性」という言葉で呼んでいますが、これはアドラー心理学特有の言葉なんですけれども、遺伝であれ、あるいは生後の病気であれ、子ども時代に、（まあ小学校出るくらいまで）子どもの生活に非常に重大な支障をきたすような、身体の障害があった場合の影響です。

具体的に言うと、目が見えないとか、耳が聞こえないとか、手足が不自由であるとか、あるいは重度のぜんそくを持っているとか、あるいは小児結核でしばらく入院していなければならなかったとかというようなことがあって、普通の子どもとしての日常生活を送りにくいような状況にあった場合に、これはライフスタイルの形成に大変大きな影響を与えるということが知られています。

どのような影響があるか、これには大きく分けて二つの影響の与え方があります。つまり、何らかの障害があると子どもは、それに対して何らかの対応をしなければならない。目が見えないなら、それに対して自分はどんな態度決定をするかということを迫られるわけですね。そのときに子どもは、建設的な対処をするかもしれないし、破壊的な対処をするかもしれない。

◆劣等性に対する建設的対処の仕方

では、「建設的な対処」とは何か。たとえばこういうことです。

目の見えにくい子どもがいました。彼は目が見えにくいので、努力をして他の子と同じに見えるようになろうと思いました。これは建設的な対処です。実際、目の弱い人は、目に対するエネルギー投入を非常に増やして、視覚的な事柄が得意になることがあります。

亡くなりましたが、棟方志功という版画家は強度の弱視でした。そのため、彼は目に意識を集中して、大変センスのいい、一風変わった版画をつくるようになりました。

第二番目の建設的な回答は、その劣等な器官、たとえば目が見えにくいということについては、いったん断念をして、そのかわり他の器官でそれを補償しようという働きです。

たとえば耳を使おうというようなことですね。目が見えにくい人はとても耳が敏感です。盲人用の信号を、我々が目を閉じて聞きますと、どちらから鳴っているのかよくわからない。でも目の不自由な人たちにはすぐわかります。あるいは点字を目を閉じて触りますと、我々には何だかよくわからないのですが、目の不自由な人たちにはちゃんと区別ができます。彼らは聴覚とか触覚とかいう、目以外の感覚器官が非常に鋭敏になるように、無意識に訓練をしているのです。

実際、音楽家には目の不自由な人が多いですね。たとえばフランツ・シューベルトという音楽家は、ものすごい瓶底眼鏡をかけています。

そのように、その劣等な器官を鍛えることによって、あるいはそれ以外の器官でもって、その劣等性を自力で補償することによって、自分の力で生きていこうと子どもが決断したとすれば、それは器官劣等性に対する建設的な回答です。

◆劣等性に対して破壊的に対処した場合

一方「破壊的な回答」とはどんなものであるかと言いますと、私は目が見えない、私は耳が聞こえない、だから私の仕事を他の人にやってもらおうと思うことです。依存的になって、人に自分の責任を引き受けてもらおうとすることが、破壊的な回答です。

残念なことに、器官劣等性のある子どもは、この破壊的な回答を出す可能性が高くなります。たとえばぜんそくの子どもは、多くの場合、甘やかされたライフスタイルに育ってしまいます。親たちが、この子はぜんそくなんだから特別に保護してやらなければならないと思い、本来その子が自分の力で解決しなければならない問題をもかわりに解決してあげるということを、小さいときから繰り返すからです。

ぜんそくというような器官劣等性に対しても、建設的な補償はありえます。たとえば、イマヌエル・カントという哲学者は非常に強いぜんそく持ちで、そのために彼はほとんど家から出ることができませんでした。彼はケーニヒスベルクという町に住んでいましたが、一生を通じてその町から一歩も出たことがありませんでした。

彼はその器官劣等性を、まず地理学者になることによって補償します。彼はケーニヒスベルクの書斎にいながら、世界中の地理をすべて知っていました。世界中の地理に詳しくなる作業はすぐに終わってしまいました。そこで彼は天文学者になります。そして空の星のことをすべて知ってしまいます。これもすぐに終わってしまいました。そこで哲学者になって、人間の心の地理を調べはじめました。これは非常に建設的な、器官劣等性の補償だと思います。

このように器官劣等性という一つの情報に対して、子どもはいくつかの態度決定ができるわけですね。器官劣等性のような身体の問題だけではなくて、環境上の要因、たとえば両親の育児の仕方、というようなことに関しても、子どもは常に、いくつかの回答の中から選択をすることができます。これが最初に申し上げた、遺伝や環境は、子どものライフスタイルを決定しない、子どもの決断のみが最終的にライフスタイルを決定するということの意味です。

環境による影響

次に、心理的な、対人関係的な環境要因についてお話ししたいと思います。「環境」と言いますと、まず家族ですね、普通子どもは家族の中に生まれます。まれな例外として、生まれてすぐに家族から切り離されて乳児院で育つという子どもたちもいますが、ここでは家族の中に生まれ、家族の中で育っていく子どものことを考えましょう。

◆きょうだいの影響

子どもたちは家族という共同体の中に生まれ、そして、二種類の対人関係を持ちます。一つは、両親との関係、もう一つは「きょうだい」との関係です。果たしてどちらがライフスタイルの形成に、大きく影響を与えるか。

アドラー心理学では「きょうだい」との関係のほうが、ライフスタイルへの影響が大きいと考えています。平仮名で「きょうだい」と書くのは、男女を含めた兄弟姉妹という意味です。心理学や精神医学では、兄弟姉妹、あるいは同胞という煩雑な言葉を避けて、男女の両方の兄弟を言うときに、平仮名で「きょうだい」と書く習慣がありますので、それに従っています。

きょうだいは、二種類の方法で、ライフスタイルの発達に影響を与えます。一つはきょうだいの誕生順位。一番上の子に生まれたか、真ん中の子に生まれたか、下の子に生まれたか、あるいはきょうだいがいなくて一人っ子であったかというような、誕生の順位。これはライフスタイルの発達に大きな影響を与えていると言われています。*

＊性格類型学は信頼できません。きょうだい順位による性格分類だって、そのまま鵜呑みにしてもらっては困るので、個々の場合によってまったく違ってきます。ある意味で、アドラーが言ったから、仕方なく私はその話をしていますが、そんなに信じていないんですよ、本当は。そもそも「なんとか型性格」というのは一種の差別発想だと思います。人は一人一人違っていて、パターン分けなどできないんです。

◆長子の性格の特徴

まず、一番上の子。男であれ女であれ、きょうだいの中の一番上の子というのは、どんな位置にあるかと言いますと、生まれてしばらく一人っ子だったわけですよね。あるときお母さんは病院や産院から弟や妹を連れて帰ってきます。そして、「これはあなたの弟よ、かわいいでしょ。今日から一緒に暮らすことになったから、絶対に差別しないで平等に扱うから、だから仲よくしてあげてね」と言います。

けれども、子どもの立場に立ちますと、これは妙な話なんです。まず「かわいいでしょ」って言うけれど、「こんなもの、猿みたいで全然かわいくない」と思いますね。

それから、平等になんて言うけれども、今まで百パーセント親を独占していたのが、突然五〇パーセントになったようなものですね。本当は五〇ではない。赤ちゃんのほうが手間がかかりますから、二〇か一〇ぐらいまで落ちるかもしれません。突然、今まで王子さまだったのが、そこからころころと転げ落ちて、まったくの平民になってしまうわけです。

たとえて言えば、男性が、ある日、奥さん以外の女性を家に連れて帰ってきたみたいなものです。そして「これは今日からセカンドワイフ。あなたとまったく差別しないで平等に扱うから、仲よくしてやってね」と言うと、奥さんは逆上しますよね。これとまったく同じ状況が、きょうだい関係の中では、一番上の子に起こっているわけです。

そこで一番上の子は、その失われた王座を回復するために、何らかのアクションを起こさなければなりません。これが一番上の子のおかれた、一種の劣等性ですね。それを補償するのに、もちろん建設的回答と破壊的回答があります。

建設的な回答というのは、たとえばどんなものかと言いますと、この新しくやってきた下の赤ちゃんにくらべて、私は能力が優れている、たとえばこれもできるし、あれもできるということを見せることによって、親の注目や関心や賞賛を引こうというような動き方です。多くの一番目の子どもはこれを選びます。ですから一番目の子どもは努力家であることが多いです。非常に高い目標に向かって、理想主義者になって、努力をします。

破壊的な回答の例をあげますと、それは、他の子より自分のほうが力が強いこと、権力があることを示すということですね。ですから、弟なり妹なりをいじめます。そして喧嘩に勝つことでもって優越感を得ようとします。ですから一番上の子は、ときに支配的であり、非常に横暴であり、乱暴であることがあります。これは、第一子であることに対する破壊的な回答です。

◆中間の子どもの性格の特徴

真ん中の子どもは、どんな地位にあるかというと、この子たちは、一度も親の注目や関心をたった一人で独占した体験のない子どもです。一番上の子は一人っ子であった時期がありますし、一番下の末っ子は、親の特別な関心や注目を得る立場にあります。ところが真ん中の子どもたちは、どうしても親の注目や関心が不行き届きになります。その結果彼らは、そういう劣等性に対して、補償しなければならなくなります。それにも、建設的回答と破壊的回答があります。

建設的な回答としては、たとえば、何でも自分の力でやろう、もう親やきょうだいに頼らないでおこうというふうに考えるかもしれません。そうすると大変自立的な人に育ちます。実際、探検家とか登山家には、中間の子どもが多いと言われています。

また別の建設的な回答としては、親に対してたくさんのサービス、たくさんの親孝行をして、そして親といい対人関係を持つように努力しようとするかもしれません。実際、中間子、真ん中の子どもは、一般に対人関係が上手です。

破壊的な回答としましては、たとえば非行化して、そうして親の注目や関心がこちらに来ざるをえないようにしようというふうにするかもしれません。あるいは、ごますりになりまして、いつも下手に出て、人の機嫌をとって暮らす人になるかもしれません。

◆末っ子の性格の特徴

不思議なことだと思うんですが、一番上の子が小学校へ入りますと、母親は「もう今日からお兄ちゃんよ、何でも自分でしなさいよ」って言います。一番下の子が小学校へ入ったときに、母親は決してそういうふうには言いません。そして赤ちゃんであるかのように扱います。

一番下の子は、自分には力がないこと、自分の力ではいろんなことが解決できないのだということを示すことで、親の注目や関心や援助をかえって引き出せるという立場にありますので、そのために特有のライフスタイルを発達させる可能性があります。

一番下の子が、こういった地位に対して建設的な回答をしますと、人から愛される人物になります。破壊的回答をしますと、依存的な、自分では何もしようとしない人間になります。

◆一人っ子の性格の特徴

きょうだいのない一人っ子というのも、特有のハンディキャップを背負っています。

すなわち、対人関係が持てないということですね。親とは対人関係が持てるけれども、同じ年齢の子どもと対人関係が持てない。多くの場合、一人っ子は、対人関係が上手ではありません。けれども、一人っ子という位置に建設的な回答を出しますと、とても自立的な子になるかもしれませんし、あるいは、とても優しい、人懐っこくて、他の人たちと一緒に暮らそうと努力をする子になるかもしれません。破壊的な回答をすると、依存的になり、自己中心的になり、人の気持ちのわからない子どもになっていくだろうと思います。

◆きょうだいの競合と性格の発達

きょうだいというものは、レースの参加者と考えられます。親という賞品を懸けて、きょうだい同士がレースをするわけです。しかも、これがハンディキャップレースなのです。

第一番目の子は第一番目の子特有のハンディキャップ、真ん中の子は真ん中の子特有のハンディキャップ、末っ子は末っ子特有のハンディキャップを背負っています。それぞれハンディキャップを背負いながら作戦を展開しますので、特有の作戦展開ができてくるわけです。

ですから、同じ親から生まれた三人のきょうだいよりも、別の親からきた上の子ばかり、真ん中の子ばかり、下の子ばかりの三人のほうが、ライフスタイルとしては似ているという結果が、実際にはよく見られます。

もちろん、「誕生順位」だけですべてが決まるわけではありません。もう一つ「競合関係」というものがあります。これは、先ほど言いましたように、きょうだい同士で競争をしますので、他のきょうだいの作戦の展開の仕方によって、自分の作戦の展開を変えなければならないということです。

たとえば一番上のお兄ちゃんが、学校の勉強が得意だとしますね。すると次の人はどうするか。学校の勉強で勝負するかもしれませんが、とても勝てそうもないと思うと、学校の勉強は完全に放棄をして、別の側面、たとえば人づきあいのうまさということで、自分の特色を出し、親の賞賛を求めようとするかもしれません。

そうしますと第三番目の子はどうなるか。すぐ上の子が人づきあいがとても上手で、友達がたくさんいる。これと同じようなことを自分のレパートリーにして、相手よりも優れているということにしようとすると、少しハンディキャップがあります。そこでまた違うものを選ぶかもしれません。ひょっとすると一番上と同じ、学業成績というのを選ぶかもしれません。

というのは、きょうだいというのは、間が離れていればそれほど激しい競争にならないからです。すぐ上のきょうだい、すぐ下のきょうだいと一番激しい競争になります。

で、多くの場合、たくさんのきょうだいがいると、たとえば学業成績についてみると、上から順に、よい・悪い・よい・悪い・よいとか、人づきあいについてみると、悪い・よい・悪い・よい・悪いとか、一つ一つ互い違いになっていることがよく見られます。そして、離れているきょうだいよりも、すぐ上かすぐ下かというのが、最も似ていないペアになるということが実際によく見られます。これは競合関係があるからです。

◆性格に与える両親の影響

次は「両親」。親の影響についてです。

親は、きょうだいにくらべますと、副次的な影響因ですが、しかしやはり重大な影響を与えます。

両親というものは、二つの役割があります。一つは、子どもをほめたり叱ったりするという役割ですね。子どもが生まれて、そして小学校へ入るまでに、親から一番たくさん聞かされる言葉は何かと言いますと、「それはよい、それは悪い」という言葉だと思います。つまり親というのは、よいとか悪いとかを通じて子どもをほめたり叱ったり、あるいは、善悪を教えたりするという働きを強く持っています。

そういうような働きを心理学で「強化」と言いますので、親は「強化者」である、子どもをある方向に向かって方向づけていく「強化者」であるというふうに考えます。

家族の価値の影響

親は子どもをほめたり叱ったりするときに、まったく無原則に、行き当たりばったりにほめたり叱ったりするわけではもちろんありません。一つの原則を持っているわけですね。その原則のことを、「家族の価値」という言葉で言っています。

家族の価値と言いますのは、両親が共通して持っている価値観のこと。あるいは、両親が絶えず論争の的にしている価値観のことです。この二つともが家族の価値になります。

まず、両親が共通して持っている価値観。たとえば、お父さんもお母さんもともに学校での勉強は大切だ、よい学業成績をとることが大切だと考えていて、絶えずそのように子どもに言うとしますと、これは当然、家族の価値ですね。

一方、お父さんは学校での勉強はとても大切だと言い、お母さんは、学校での勉強を重視してはいけない、そんなことはよくないというふうに考えて、その結果絶えず夫婦が葛藤をしているとしますと、これも家族の価値になります。

なぜかと言うと、子どもは、そのことについて態度決定をしなければならないからです。絶えず話題になるので、では私は学校の勉強について、学業成績についてどう考えるかという態度決定を迫られるわけです。その点では、両親が一致している場合と何ら変わりがないわけですね。

ですから、両親が一致してイエスと認めている価値も、両親の一方がイエスと言い、一方がノーと言って、現実にこれでもって論争があるような価値も、ともに家族の価値になります。

両親の一方だけが強く主張し、一方がそれに対して中立の立場をとる。ノーとは言っていない、でもイエスとも言っていない場合には、普通これは家族の価値として強く機能しません。

家族の価値に対して、子どもは態度決定を迫られます。それに対してイエスを言うかノーを言うかを迫られます。もちろん家族の価値というのは、通常は建設的な内容ですから、それに対してイエスを言うことは建設的な回答です。通常は、それに対してノーを言うのは破壊的な回答です。

ただしこれは一般論で、ときには逆である場合もありえます。たとえば、反社会的な価値、破壊的な価値を持った両親という場合があります。両親ともに犯罪者であったりしますと、両親の一致する価値観が、人から少しでもたくさんのお金を盗むことはよいことだというような、反社会的な価値であったりします。それに対して子どもがイエスを言いますと、それは社会全体に対しては破壊的な回答だということになります。

このような場合もありますが、通常我々が出くわす家庭では、両親の持っている価値は、一応建設的な価値観です。子どもがそれに対してイエスという回答を出すことは、一応建設的であることが多いでしょう。

ではどのような場合、子どもは家族の価値、両親の価値に対してノーを言うかというと、それはきょうだいの競争がある場合です。何人かのきょうだいがいまして、そしてそのきょうだいたちが、両親の価値にイエスを言いますね。多くのきょうだいがイエスを言い、そして自分にはもうイエスを言える、自分特有の、自分が一番になれるような価値観がないとき、しかも両親がきょうだいを比較し、競争させているというような状況があると、その子どもはノーを言います。そうすることによって、両親の注目や関心をより多く引くことができるからです。

実際に教師の家庭では不登校児が出やすい。警察官や裁判官の家庭には非行少年が出やすい。なぜか。それは、最も両親が大切にしている価値観にノーを言うことが、両親との特殊な関係をつくり、両親のエネルギーを、他のきょうだいよりもより多く自分に引きつけることに成功するからです。

ですから、両親がよい価値観を持っているからといって、子どもたち全員がそれにイエスを言って、よい子どもに育つ、よいライフスタイルを持つとは限らないという、ちょっと困った状況があります。これには、もう一つのことを理解しないといけません。

家族の雰囲気の影響

両親は「強化者」であるばかりではなく、子どもの「モデル」であること、これが両親のもう一つの役割です。子どもたちは親の言うことを聞くよりも、親のすることを見て育ちます。これはときに、子どもの性格を形成する上で致命的な影響を与えます。

親はきれいなことを言うのは簡単なのですが、それを実行するのはとても難しい。ですから口で言うこととすることが違う場合があります。その場合に子どもたちは、親のすることのほうを学びます。

親の、人生の問題や家族内、その他の問題に対する解決の仕方、つまり両親が共通して持っているような問題解決の方法を「家族の雰囲気」と言います。

雰囲気というのは妙な言葉ですけれども、たとえば父親の独裁的な雰囲気だとします。すべての問題を父親が、このようにせよ、あのようにせよと指示して、残りが従うという雰囲気です。これがこの家族の問題解決の方法であり、同時に家族の雰囲気ですね。あるいは民主的な雰囲気というのがあります。それは、どのような問題についても全員が集まって、対等の立場で話し合って決めていくという雰囲気です。これも問題解決の仕方であり、同時に雰囲気ですね。

◆縦関係か横関係かで子どもの性格は違ってくる

雰囲気は大きく二つに分けられます。縦の関係の雰囲気と、横の関係の雰囲気です。親が上、子どもが下、夫が上、妻が下、というように、どこかに縦関係がありますと、それは縦の関係ですし、全員が対等の人間として協力的に共同体に参加しているというと横の関係です。

アドラー心理学では、健康なパーソナリティーをつくる上でも、よい人間関係を築く上でも、「横の雰囲気」が好ましいと主張しています。その実際的な方法も持っていますが、これについてはあとで話します。

しかしながら、現実にはなかなかそのようではありません。多くの家族は縦の雰囲気ですし、また競合的な雰囲気、子どもたちを競争させる雰囲気を持っています。最も子どもたちを問題化させやすいのは、家族の中が競合的な雰囲気であり、子

好ましくない家族の雰囲気とその典型的結果

家族の雰囲気	子どもへの典型的な影響
過保護	自分の行動の責任をとらなくなる
甘やかし	自分中心になり、エゴイストになる
拒否	自分は無価値だと感じ、自信欠如になる
権威主義	支配的になり、力に頼るようになる 卑屈になり、力に屈するようになる
高望み	自分を無能だと思いこむ
憐れみ	自分をみじめに感じる 憐れみを誘って義務をのがれる
一貫性の欠如	人を信頼しなくなる
不和	喧嘩で問題を解決しようとする
絶望	子どもに伝染し、絶望的になる
悪口	ひねくれた悲観主義者になる
感情の否定	感情を包み隠すようになる
競争	野心家になる 競合的になって人と協力できない

代表的な家族の雰囲気

全般的雰囲気	
開放的に話し合う 楽観的 相互に尊敬しあう 相手を受容する	閉鎖的で話し合わない 悲観的 責任をなすりつけあう 相手を拒否する
課題解決に対する姿勢	
取り組む姿勢を重視 どれだけできたか	結果を重視 できたかできないか
意思決定の手続き	
平等に決定権がある 民主的に決める 理性的に話し合う	支配と服従 独裁者が決める 感情的に傷つけあう
チームワークのあり方	
友好的に助けあう 協力的	足を引っ張りあう 競合的
規範に対する考え方	
創造的・現実的 権利と責任を重視	保守的・因習的 前例や世間体を重視
援助の仕方	
勇気づけ	過保護・過干渉

どもたちを競争させ、誰が勝ちで誰が負けかを決めようとすること。また家族の価値観が非常に狭くて、たとえば、学校でいい成績をあげられるか否かで、子どもたちの価値が全部決まる。そして、どんなに人づきあいが上手でも、どんなに手先が器用でも、どんなに根気がある努力家でも、最終的な学校の成績がだめだと、家庭の中での地位が認められないというような、そんな家族の雰囲気がありますと、子どもは問題化しやすいわけです。

実際にそのような子どもを一人思いだします。この子は、大窃盗団のボスをやっていたんですが、非常に頭がよく、いい学校に行っていました。しかし、この学校はあまりよくなかった。社会一般から言いますといい学校なんですが、両親の価値観からすると、よくなかったんです。両親ともに非常な高学歴の持ち主で、すぐ上のお兄さんが、トップクラスの学校へ行っていたわけです。それにくらべてこの弟は、それほどよくない学校であったわけですね。

この両親は、学歴だけを人間の価値と考える価値観の持ち主でした。しかも非常に競合的な考え方の持ち主で、「この世は戦場だ、弱肉強食の世の中だ、だから勝ち残らなければならない」と考えていました。そうして、きょうだいにも絶えず競争をしかけていました。

で、この子は社会一般から見ますと決して落ちこぼれではなかったんですが、家族の中では非常に強い落ちこぼれ意識を持ちました。

そこで、親に復讐をしはじめたわけです。どのようにして復讐をしたかと言いますと、親が最も傷つくこと、つまり非行化をしたわけです。で、彼はさまざまな子どもたちを集めて、その非行グループのブレインになりました。後ろからその子たちに智恵を授けて窃盗団を組織しました。彼は表面に出ずに、部下たちを使って、巨額の窃盗をしました。

これはとても不幸なケースだと思います。この子が、学歴だけを価値としない、そして競争ではなくて、一人一人の個性を認める家庭に育っていれば、このような不幸な結末に至ることはなかったと思うのです。

実際に、非行少年たちの多くは、このような家庭環境から生まれています。狭い家族価値と、非常に競合的な家族の雰囲気。

逆に言うと、さまざまなことを価値として認められるような、許容の幅の広い家族価値、そして、人を比較し競争をさせないような、みんなが協力し、一緒に家族を維持していくために力を合わせるような家族の雰囲気。つまり横の雰囲気の中で育てば、子どもたちは全員が、ちゃんとした、健康なライフスタイルを形成していくだろうと思うのです。

文化による影響

性格を形成する上で、家族の及ぼす影響を見てきましたが、次にお話ししなければならないのが、家族の外側にあるものの影響です。これを一言でまとめて「文化」というふうに言ってしまっていいのではないかと思います。

この中には、学校、それから地域、民族、国家、時代というようなものがあります。特にライフスタイル形成期にあたる小学校は、ライフスタイル形成に非常に大きな影響を及ぼします。

私自身の思い出でいうと、私は小学校一、二年生のころは、とても内向的な子どもで、学業成績もあまりよくありませんでした。担任の先生は、教科書に書いてあるとおり、自分が教えたとおりに答えなければバツだったんです。私は、自分で考えて答えるタイプの子どもでした。ですからいつもその先生から「本にはそう書いてないでしょ」「私はそう教えなかったでしょ」って言って罰せられた。そのために私は、自分は勉強に向いていないだめな子だと信じるようになっていたと思います。

三年生になりまして担任が替わりました。その担任は若い男の先生でしたが、その先生は、こんなふうでした。「わかるか」って言って「はい」って手をあげますと、「はい野田、言ってごらん」。私が間違った答えを言いますと、「おお、野田はそういうふうに考えるか、面白いなあ、でもなあ、普通はこう考えるんだ」。

私はそれを聞いてとても勇気づけられました。どんなふうに考えてもいいのだと、自分で考えていいのだと。でも、みんながそう考えるのなら、私も普通の人が考えるように考えてみようとも思うようになりました。

で、私は、自分の個性的な考えと、それから世の中一般の通念とを区別して考えることができ、通念はこうだということを知りながら、なお自分の個性を殺さないでいいのだということを知りました。その先生にはとても感謝しています。その先生と出会ってから、私はとても外向的になりましたし、積極的になりました。

このように小学校は、個人の一生を左右するぐらい大きな影響を与える場合があります。もちろん中学校・高校も、その影響力は皆無ではありませんが、特に小学校の場合は大きな影響力があることを知っておいてください。

文化というものをもう一度改めて定義をしてみますと、その人が属している共同体、つまりそれが家族であれ、学校であれ、地域であれ、国家であれ、民族であれ、その個人が属している共同体の、共通の思いこみだと、あるいは共通の当たり前だと、あることが当たり前だとみんなが思っているものの全体だと定義できると思います。

◆文化による「当たり前」の違い

アメリカでホームパーティーに呼ばれますと、我々は大変びっくりします。まず最初「こんにちは」って行きますと、「やあお疲れさま」「コーヒーがいい、紅茶がいい、それともレモネードか何か飲む?」って聞かれるわけです。で、「コーヒーください」「コーヒーには砂糖入れる? ミルク入れる? それともブランデーかウイスキーかを入れる?」って聞かれるわけです。全部答えなければいけない。「よろしいように見つくろって」って言えないわけですね。*

次にお酒を飲むとしますと、ウイスキーがいいか、ブランデーがいいか、それとも他のリキュールがいいか、水で割るのがいいか、ソーダで割るのがいいか、氷はいるかいらないか、全部答えなければならない。日本では、ホスト側が一番いいと思うものを見つくろって出すのが当たり前なんです。アメリカでは全部お客に聞くのが当たり前なんです。

この当たり前の違いが文化ですね。どちらが正しい、どちらが間違っているというようなものではない。どちらも正しいんだろうと思います。けれどもこれは子どものライフスタイルに当然吸収され、大きな影響を与えるでしょう。

＊土居健郎さんが『甘えの構造』の冒頭に同じことを書いておられますが、私はそこから盗んでいるわけではないのです。アメリカでこういうことを感じていた時代には、不勉強な私は、まだ『甘えの構造』を読んでいませんでしたから。

6. 不適切なライフスタイル

具合の悪い不適切なライフスタイルの大部分は、次のような三つの信念からできています。

まず第一番目に、自分には基本的に問題を解決する能力がない。自分は無能力であって、自分の人生の問題を自分の力では解決できないということ。

第二番目に、自分の保護者、つまり親であるとか教師であるとか、自分を保護する立場にある人は、自分が言わなくても自分を援助する義務がある、助けを求めなくても私を保護しなければならないということ。

第三番目に、もしもその保護者が私を充分に援助しないならば、その人たちは罰せられるべきであるということ。

この三つの信念を持ったライフスタイルが、最も具合の悪い不適切なライフスタイルだと思います。

たとえば子どもの成績が下がって学校へなかなか行けなくなったとします。子どもは自分ではこの問題は解決できないと思っています。保護者である親がこの問題を自分にかわって解決すべきだと。ところが学校の成績が下がったとか、学校での対人関係がうまくいかないということを、親は適切に援助することは普通できませんね。そこで子どもたちは怒りだすわけです。「私がこんなに困っているのに、私を助けるべき義務があるあなた方がどうして助けないのか」「あなた方は罰せられるべきだ」と言って家庭内暴力をしたりします。

これは困ったことだと思うんですね。もっと自立的になって、自分の問題は基本的には自分で解決すべきであると思い、また他の人たちには私を援助すべき義務はないのだと、私が依頼をすれば、あるいは助けてくれるかもしれないけれども、それは向こうの善意であって、決して義務ではないのだと、そして自分も人に助けられるように、他の人に頼まれたときには助けようと、そういうふうなライフスタイルにつくりかえていかなければならないと思うんです。

◆普通でいることの勇気

家族の中で問題を起こしている子どもがいたら、アドラー以外の流派の心理学者は、愛情不足だと言う。確かに愛情が不足している家族はあることはあります。たとえばお父さんは国立の別荘へ出たり入ったりしていて、お母さんは、自分の身体を商品にして暮らしている人で、ほとんど家に帰ってこない。お兄ちゃんは地

＊スピッツという学者が、「生後一年間の適当かつ充分な母子関係が、圧倒的で、しかもかけがえのない重要性を持っている」と言ったり、ボウル

域でも有名な番長で、その弟は独りで三食を食べて暮らしている。これは確かに愛情不足です。

でも普通の、いわゆる中産階級の家庭で、愛情不足の子どもなんてありえないですよ*。ただ、愛情飢餓の子どもはありえます。親の愛情をたくさん自分のほうへ引っ張ってこないと、絶対気に入らない子というのはありうる。誤解しているんですね。愛されていないと自分はだめになってしまうんだと。愛情が不足しているのではなくて、並はずれて愛情に貪欲な者がいるだけなんです。

そういう子どもたちについては、他の流派の心理学者たちは気持ち悪いことを言いますね。この間びっくりしましたよ。中学三年生の男の子が不登校になりまして、ある相談所に行きました。そこで言われたことは「これは愛情不足だからお母さん、だっこしてあげなさい」。

子どもはいやがるのね。お母さんもいやですよ、中三にもなった汗くさい男の子を抱っこするなんて。無理やりに抱っこされて、子どもはそれっきり家に帰ってこなくなってしまった。

そうではなくて、その子たちは普通の子どもでいる勇気を失っているんです。我々にとって、とても勇気がいる一番難しいことは、その他大勢の一人である勇気なんです。特別な存在であるということは、とても楽ですよ。いいほうも、悪いほうも

ビィという学者が、「乳幼児への母性的配慮が長い間欠けると、彼の性格、ひいては彼の将来の全人生に、のちのちまでも重大な影響を与える」と言ったりして、一時それが本気で信じられていたのです。ところが、彼らがこういう結論を出す根拠にしたのは、赤ん坊時代に親から引き離されて施設に入れられた子どもたちの観察でした。これはあまり科学的ではない。そういう子どもたちは、「親の愛情」が欠けているのではなくて、「親」そのものが欠けているんですからね。この「乳児期の母子関係がすべてを決定する」という理論のいかさま性は、ヴァン・デン・ベルク著、足立叡・田中一彦訳『疑わしき母性愛』（川島書店）という本で、決定的に暴露されています。右記の引用も、この本からです。

ね。自分は、全然特別な存在ではなくて、ただの人だ、ごく普通の人だ、ということを認めることは、とても勇気がいる。でもその勇気をやっぱり持たないといけない。

親たちは子どもに向かって、そういう育児をしていないですね。何か特別であったときだけ認める。勉強がよくできたとか、家の手伝いができたとか。そういうときはほめますね。悪いことをしたとか、勉強できなかったら叱りますね。

これはどちらにせよ、ごく普通の生活、ごく普通の生き方をしているときに注目がなくて、何か特別なことをしたときだけに注目があるというやり方です。それで子どもたちは、自分が特別な人でなければいけないと思いこむわけですね。

でもそんな二四時間、三六五日、特別な存在であることは実際できない。もっとごく普通に毎日を暮らしているということが、とても素敵なんだということをみんながわからないといけない。お互い同士が認めあえる家庭や学校や世界をつくらなければならないと思います。

◆人はなぜ所属の本能が強いのか

人といい関係が持てないなと思ってしまうと、それならそれで悪い関係を持とうとする。そのほうが無視されるよりずっといいから。無視をされるというのが人間にとって一番つらいですね。

それは、人間の生い立ちと関係がありまして、人間の赤ちゃんというのは、ほかの動物の赤ちゃんよりはずっと特別な育ち方をする。犬の骨と人間の骨とをくらべて、どこが一番違うかというと、骨盤の形が違う。犬は四つんばいなので骨盤が円筒形で、そこから足が生えてますね。人間のように立とうと思っても、円筒形から足が出ているからだめなんです。人間は骨盤の下がぎゅっと狭くなって、そして円錐形になって、足が脊髄と同じ方向に生えているから立てる。

その結果、骨盤の一番下の、赤ちゃんが産まれてくる産道のところが、犬と人間とでは面積がまったく違います。犬の赤ちゃんは産まれてすぐ、馬のようにすぐに走りはしないものの、母親のところまで這っていっておっぱいを吸いますね。一、二週間もすれば走っていますよ。

人間の赤ん坊はそうはいかない。充分に成熟するまでお腹の中にいると、狭い骨盤を通ることができないから、急いで出てきてしまう。だから人間の赤ちゃんは早産なんです。本当は、二〇か月ぐらいお腹の中にいて産まれてきてくれると、普通の動物並みなんです。そしたらお母さんも楽ですよ。

そんなふうに、ものすごい早産で産まれてくるものだから、親が完全に保護してやらないと生きていけない。一日放ったらかしていたら死にますね。そこで小さい赤ちゃんは、人に保護を受けないと生きていけないんだと、ものすごく小さいときから感じ、何とかして他の人とつながりを持っておかないと大変だというように思うんです。

その結果、生まれながらに持っている生存の本能より、人とつながりを持つ本能「所属の本能」のほうが強くなっている。

人間だけが自殺しますね。ほかの動物は自殺しませんね。それは人間は生存の本能より、所属の本能のほうが強いから。だから所属することに失敗して、社会に受け入れてもらえなくなると、「死んだらみんなショックを受けて私のことを思いだすだろう」と思うときに死ぬんです。それくらい人間は、他の人とつながりを持つという本能が強くなってしまった。

でも、これは本当は間違いなんです。誤解なんです。人生の最初の一年間だけ本当なんです。小学生のころになりますと、もう人とそれほどつながらなくても生きていけるんです。でも人間は人生の出発点での誤解を、一生引きずって生きてしまうんです。その結果、みんなにかわいがってもらえないと大変だと思いこんでしまう。そんなはことないんですよ、本当は。

不適切なライフスタイルのパターン

ライフスタイル、いわゆる性格の類型をうんぬんするのは、あまり意味がないのですが、アドラー心理学では教育的な目的で、つまりライフスタイル診断のお稽古のために、いくつかのライフスタイルの枠組みを考えています。

健康なパーソナリティーについてはすでに話したので、ここでは、多少問題があるというか、そういったライフスタイルについてだけ言います。これには大きく分けて「依存型」と「競合型」の二つの区分があります。

◆依存型のライフスタイル

依存型の基本的な姿勢は「私はＯＫではない。他者は私を保護すべきだ」というもので、これはさらに次の二つに分かれます。

◇消極依存型……私がＮＯＴ ＯＫである限りは、他者は私を保護してくれる

これは、「私は小さく、弱く、無力で何もできない。だから私は他者からいつも守られていたい」と信じている人たちです。保護をもらうために、自分の弱さやかわいさを見せ、相手に「保護してあげたい」と思わせるように仕向けます。「世界は危険が満ちている」と考えており、いつも不安や心配がつきまとっています。問題児や不安神経症に多いライフスタイルです。

生き方の特徴として次のようなものがあげられます。

- 「私は弱いから」と言って人生の課題に自ら取り組もうとしない。
- いつでも他者の援助をあてにしている。
- 好かれるためならどんなことでもする。あらゆる努力を払って他者を自分に奉仕させようとする。
- 他者の注目・関心・愛情・同情を得ようとし、無視されると下らないことを質問したり援助をねだったり、それでもだめだとすねたりする。
- 魅力やかわいらしさを武器にする。子どもっぽい服装や言葉づかいをする。

◇**攻撃依存型……他者は私を保護してくれない↓他者は罰せられるべきだ**

他者は自分に奉仕して当然という自己理想を持ち、ギブなしにテイクばかり考えるスタイルです。「自分には能力がないので、自ら自分の人生の課題に取り組むことは難しい」という低い自己評価を持っていることが多いのです。

生き方の特徴として次のようなことがあげられます。

- 自分の利害にはとても敏感だが、他者の利害には関心がない。

- **乳児**
  私はNOT OKだ
  そして他者はOKだ
  - **依存型**
    私はNOT OKのままでいよう
    他者は私を保護すべきだ
    - **消極依存型**
      他者は私を保護してくれる
      (私がNOT OKである限りは)
    - **攻撃依存型**
      他者は私を保護してくれない
      (他者が罰せられるべきだ)
  - **競合型**
    私はNOT OKだが、OKになろう
    私は○○の条件を満たすべきだ
    - **積極競合型**
      私は他者より優れているときだけOKだ
      (競争して勝とう)
    - **消極競合型**
      私は失敗しないときだけOKだ
      (競争して勝とう)
  - **自立型**
    私は基本的にはOKだ
    - **健康なライフスタイル**
      他者と協力して共同体に貢献しよう

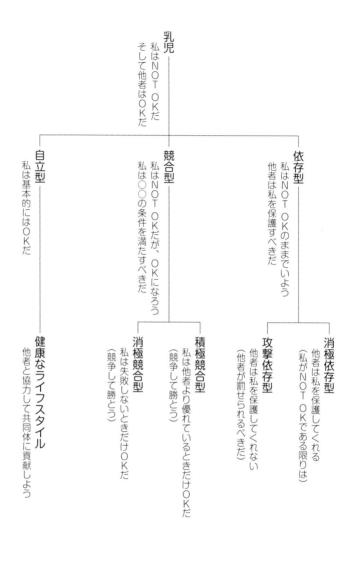

- いつも人をあてにしていて自立していない。
- 「この人は、私に対してどんなよいことをしてくれるのか」によって他者を評価する。
- 友達をつくるのは一般に下手ではないが、友達を利用して自分に奉仕させることにのみ関心があり、友達に貢献しようとしないので、長続きしないことが多い。
- 人が自分の期待に応えてくれないと、「あなたは私に奉仕する義務があるのに、なぜそうしてくれないのか」と腹を立てて攻撃する。
- かっとしたり、魅力をふりまいたり、恥ずかしがったり、脅したり、ひどくふさぎこんだり、というように、他者を操作するために感情を使う。
- 必要以上に楽観的なふりをして、劣等感を自分からも他者からも覆い隠そうとする。

◆競合型のライフスタイル

自分はＮＯＴ ＯＫと考えるところは依存型と同じですが、「ＯＫになろう、そのために私は〇〇の条件を満たすべきだ」と考えるところが違います。

◇積極競合型……私は他者より優れているときだけOK↓競争して勝とう

私は「常に」「絶対的に」「すべての分野において」有能でなければならない、と考え、激しい優越競争に身を挺します。そのため社会適応はよいか、そうでなくても悪くないのが普通で、むしろ過剰適応のためストレスがたまって、心身症やうつ病になることもあります。また他人をNOT OKにしたがります。

生き方の特徴は次のようなものです。

- よくも悪くも能動的・活動的であり、「自分がやらなきゃ誰がやる」と猛烈に突進する。
- 活動性を奪われると困ってしまい「何もやることがない」場合に弱い。
- いつも一番でありたがり、他の人より勝っていないと気がすまない。
- 対人関係を、競争とか勝ち負けでとらえる。人に勝てないと感じとると、せめて負けないでおこうと、あらゆる手段を用いて頑張る。
- 他者に対して威圧的で、攻撃的、支配的になりやすい。
- 心のどこかに空虚感があり、これを打ち消そうと、かえって野心家になる。
- いいところを見せることによって、みんなを支配したいと思っている。

◇消極競合型……私は失敗しないときだけＯＫ↓消極的でいよう

「失敗してはいけない」と強く思い、その裏には「私は失敗しやすい」という劣等感がひそんでいます。失敗しないために、チャレンジを避け、失敗しそうなことは絶対にしようとしません。感情生活は平板で、激したり、興奮することを戒めます。強迫神経症や対人恐怖症になりやすいタイプと言えます。

「積極競合型」とこの「消極競合型」はまったく異なったライフスタイルと見えますが、次のような共通点で結びあわされています。

- 両方とも完全癖が強い。
- 両方とも競合的である。
- 両方とも他人から尊敬されたがる。少なくとも軽蔑されるのに弱い。

消極競合型の生き方の特徴は次のようなものです。

- 絶えず失敗しないかとおそれ、臆病で引っこみ思案。
- 必要以上に良心的で、清潔、身ぎれいに気をつけ、正しい服装、時間厳守を励行する。
- 融通が利かない。決められた規則、手順、スケジュールに頼り、それらがないと困惑する。
- 臨機応変にふるまえず、杓子定規で、実際的な出来事への対応が不器用。独創性に欠ける。

- 感情的になることをおそれ、いつでも冷静、知的であろうと努力する。
- くつろいで楽しむことが下手。
- 表面的にはよい対人関係をつくるが、親しい関係にまで発展させることをしない。

Q&A

――両親のライフスタイルが子どものライフスタイルに与える影響の中で、父親の役割とか、母親の役割とかいう違いはあるんでしょうか。

それは特にないと考えたほうがいいと思うんです。つまり、父親の個性、母親の個性でもって、自然に役割分業*が決まってくる。それはその夫婦ごとに違うだろうと。父だから、男だから、母だから、女だからこうあるべきだという理念を、あまり持たないほうがいいのではないかと考えます。

こういう質問が出る背景には、父親は子どもを叱るべきだし、叱ることによって、してはいけないこととしていいことのルールを教えていくんだというような通念があると思います。

母親はしばしば、父親に叱る役割、自分は子どもから愛されるいい役をしたいと

＊現代の新しい心理学は、「人格なんてものは本当は存在しない。人間は、相手との関わりでころころ変わる。本当の自分なんてない。あるのはただ、対人関係のシステムだけだ」と言います。私はそこまでラディカルにはなれないけれど、いくらかはそういう気もします。家族といるとき、友達といるとき、患者さんに会っているとき、学会発表しているとき、そのそれぞれで、私はまるで違ったふるまいをしますから、自分でも別人ではないかと思ってしまいます。

思うようです。お父さんには全部憎まれ役を引き受けてもらおうっていうのはずるいですよ。しかもお母さんがお父さんの役割を定義して決めているわけですから、お母さんがボスですね。これは、あまりいい家族の雰囲気ではないと思います。

この夫婦では、お父さんが上かお母さんが上かと言いますと、ある人の役割を決める人はその人より上なわけです。お前が大臣だ、お前が大将だというのは天皇陛下ですね。ですから、この奥さんは、自分の優越の地位を得ようとして、主人の役割を決めようとしている。こういうのは、いけないですよ。

というわけで、夫だから妻だから、男だから女だから、父だから母だからということにこだわらないで、各々の持っている能力・個性を建設的に出しあって協力して育児をすべきだと思います。

——片親の場合、ライフスタイルにどういう影響があるのでしょうか。

片親というのは、致命的ではありません。片親であっても、いくらかの配慮をすれば子どもたちはちゃんと育っていくと思います。

注意しなければならないポイントは、まず、家族の価値が一人で決められてしまうということがあります。家族の価値について両親間で話し合うチャンスがないですね。

これは先ほど言い忘れているんですが、家族の価値、両親の価値観は一致する必要はないと考えます。両親が違う価値観を持っていてもいっこうにかまわない。ただ、それを感情的な論争でもって、競争でもって解決しないで、理性的な話し合いでもって解決していればそれでいい。

ところで片親の場合、そういうことができなくて、価値が偏りやすいということが一つあります。もう一つは、特に夫婦関係に関して、子どもが問題解決の実際のモデルを見るチャンスが少ない。ですから、できるだけたくさんの体験や、家族の運営、夫婦のあり方について、たくさんの体験ができるように配慮をしてあげたほうがよいと思います。

そのような点を考慮すれば、片親であるからといって、絶対的ハンディキャップにはならないと思います。

第3章
よい人間関係をつくる

Adler

7. 人間の行動にはすべて目的がある

我々の悩みというか問題は、人間関係の悩み、対人関係の悩みだと思うわけです。実際にアルフレッド・アドラーは、「人間の問題とはすべて対人関係の問題である」*というふうに言っています。そのように、よい人間関係を持つということは、健康な生活、幸福な生活の絶対的に必要な条件なのです。

では、よい人間関係とはどんな人間関係なのか、それを一言で言うと、縦の関係をやめて、横の関係に入ることだというふうにアドラー心理学では言っています。

通常の人間関係、この世の中にあるほとんどの人間関係は、縦の関係です。すなわち、上下関係であり、競争の関係です。誰が上で誰が下であるか、誰が勝ちで誰が負けであるかということを原理にして組み立てられた関係です。

アドラー心理学ではこのような縦の人間関係のあり方こそが、我々の精神的な健康を損なう最も大きな要因だというふうに考えています。人間関係を何としても横の関係に持っていかなければならない。真の横の関係が実現しますと、その共同体の構成員である個人にも、健康なパーソナリティーが実現することになります。

＊心理学というから心の内側のことを研究するんだろうと思われるかもしれませんが、アドラー心理学に関してはそうではなくて、人間と人間の関係を研究するんです。いやな感情だとか問題行動だとか神経症だとかを考えるときにも、心の中がどう間違っているかよりも、対人関係の持ち方がどう間違っているかに注目します。これははじめはぴんとこないかもしれませんが、慣れると実感を持ってそうなのだとわかります。

ところが、この横の人間関係をつくることが、なかなか容易ではない。*
というのも、すぐに、怒りや不安といった感情が出てきて邪魔をするからです。
怒りが、人を支配しようとするために使われる感情であることは、第1章でも話しましたが、もう少しつけ加えます。

◆行動にはすべて目的がある

アドラー心理学の基本的な考え方なんですけれど、人間の行動にはいつも目的があって、その目的に向かって動いていく。これはどういうことかというと、今の行動は過去とは関係がなくて、これから先どうするか、どうしたいかという、その人の目的とだけ関係があるということです。だから、ある感情に基づいて動いたとしたら、その感情が原因で、行動が結果だと考えない。

そうではなくて、心の中にある目的があって、そのある目的を達成するために、感情をつくりだして使っているんだというように考えるんです。

例をあげます。子どもが朝なかなか起きてこなくて、お母さんがいらいらして、感情的に叱ってはいけないと思っていても、やっぱり叱ってしまった。でも、あれは感情がそうなったんだからしようがないわと思ってしまう。私は本当はいい人で、そのときだけたまたま感情的になってしまった。だから私のせいではなくて、感情

*横の関係を持ったり、人を操作する道具に陰性感情を使うのをやめることが「難しい」わけではないし、まして「そんなことできない」というのは嘘です。「できない」というのは、要するに「したくない」ということですからね。

のせいだと考える。

違うんです。本当は支配したいんです。支配することは縦の関係に入ることです。支配するときに感情的になると、相手を威圧できるし、また自分自身に「今は感情的になっているから、何をしても許されるんだ」って言いわけができるでしょう。そのために感情をつくりだすわけ。

だから、感情というのはある目的のためにつくりだされる手段にすぎない。よくよく考えれば感情を使わなくてもいいんだけれども、ごまかしのために我々は感情をつくりだす。だからそこのところを我々自身が誠実にきちんと見抜いていれば、人間関係を壊すような破壊的な感情は出てこない。

◆怒る人は相手を支配したい人

子どもを叱ったり、罰したりしている親とか学校の先生とかは、きっとまず怒りがありますね。それから言いわけがあります。私がこうやって叱っているのは、この子のためを思えばこそだという言いわけ。部下を叱る上司も同じです。

本当は、子どもが憎いから、部下が気に食わないから叱っているんですよ。自分の好みに合わせたい、相手を自分の好きなように支配したい、自分の好む相手に変身させたいから。でも、あからさまにそう言うと道徳的に体裁が悪い。私は私の好みどおりの子どもにしたい、好みどおりの亭主に改造したい、お姑さんをまったく私の思うとおりに動かしたい……いくら何でもこれは体裁が悪いでしょう。だからそういうふうには言わない。

それで、言葉の上では「あなたのためを思えばこそ」と言うわけですね。「決して私はあなたを悪意で支配しようと思っているのではない、やむをえずこうしている、このままではあなたがだめになるから」と言う。これは嘘です。本当は相手を自分の好みにしたいだけ。それは、私たちが自分を虚心坦懐に反省すればわかる。自分がいかに自分をだましているかがわかる。だましているのが自分だから、だまされているのもわかるんです。

人は自分の行動の目的を意識できない

人間は自分の行動の本当の理由を知らないんです。

こういうことがわかるようになったのは、アドラー心理学だとかフロイトの心理学だとかという深層心理学、無意識の心理学ができてからの変化なんです。無意識というものを研究しはじめる前は、無意識のことは考えなくてよかったわけで、表面上の理屈さえあればよかったんです。

たとえば「これはあなたのためにやっているんだ」と言っていればみんな信じた。

ずっと人類は自分自身と他人とをだましつづけて生きてきた。けれども百年ほど前に深層心理学ができてからは、いくら意識的に、表面的に、一見道徳的なことを言っていても、無意識的な動機が悪ければ、やっぱりそれは悪いということになってしまったんですね。

我々は自分の無意識に対しても責任をとらなければならない。親子関係とか、夫婦関係とか、職場の人間関係とか、あるいは生徒と先生の人間関係とか、本当に私たちを動かしている原動力は、意識ではなくて無意識だと思います。我々は自分の行動の本当の理由を知らない。これが、今の心理学の一番基本的な考え方ね。

だから、なぜあなたはそんな行動をするのですか、と聞かれてもわからないんです。学校に行かない子どもに向かって、「なぜ学校に行かないの?」って聞いてもわかるわけがない。学校に行かない理由は無意識なんですから。子ども自身も意識していない。

家になかなか帰ってこないご主人に対して「なぜ早く帰ってこないの」って聞くと、つきあいだ残業だとか、いろいろ言うかもしれないけれど、それはたぶん嘘です。嘘って言うより間違いです。本当は、無意識的な理由があるのだけれど、それを本人は意識していない。本人に聞いてもたぶんわからない。

では、本当の目的はどうやったらわかるかというと、本人の言葉を信じないで、本人のやっていることを観察すればわかる。なかなか家に帰ってこないご主人は、要するに、家に帰りたくないんだ。その人にとって、家が住み心地のいいところではないんだ。では、住み心地を悪くしている奴は誰かというと、きっと奥さんですね。どうやって住み心地を悪くしているかと言えば、帰ってきたときに、「どうしてこんなに遅いの、どうして毎晩毎晩遅いの」と言うことによって悪くしているわけです。悪循環ですね。

◆行動を見れば無意識が見える

無意識というのは、言葉を見ないで、その人たちがやっていることを見たらよくわかります。その人がどういうふうに動いていくか、流れとして見たらね。

奥さんはあまりご主人を早く帰したくないんです。厄介だから。ご主人のほうもあまり早く帰りたくないの。でも双方ともそれを認めてしまうと具合が悪い。だから「いさかい」というお芝居をするわけ。自分を正当化するために。そこでひと喧嘩しておくと、両方とも自分を正当化できるんです。「あの人は本当にわからない人だわ」「しようがない女房だ」と思って、奥さんのほうは早く帰ってきたくないような雰囲気をつくりつづけて、ご主人は早く帰ってこないわけですね。

そういうふうにして、人が自分で思いこんでいることと、実際に起こっているこことは、ほとんどいつも別のことです。まずいことに、無意識というのは、本人だけにわからない。本人以外の人には、結局その人がどうしたいのか、目的や意図が丸見えなんです。本人だけがだまされている。

たとえば、子どもや部下を怒って「これはあなたのためよ」と言いますね。こんな場合は怒って当然だし、別に私が悪いのではなくて、あなたのためを思って言ってあげていると、そんなふうに思いこんでいるのは、実はその人だけ。まわりの人は、その人がとても支配的な人だと知っているわけですね。*

感情は目的達成の道具

あらゆる感情は、それがよい感情であれ、悪い感情であれ、心の中にあるのではない。アドラー心理学というのは、あまり心の中のことを考えない。ではどこにあるのかというと、私とあなたの間にある。感情は、外に向かってつくりだされ、目的を果たすために使われるのだから、心の中にずっとたまっているものではなくて、外に出ているものなのです。

「私は怒りなんて出していません」と言う人も、見たらすぐにわかる。怒りの塊になっていることがね。口ではいくら優しく言っていても、目も口も鼻もみんな怒っている。で、本人だけが自覚していない。怒りはいくら押さえつけても、身体に表

*「君のことを思うからだよ」という口実でもって殴られた子どもがどれだけいることか。どんな説明がついていても、殴るのは暴力だし、殴られれば痛いですよ。痛いだけではなくて、暴力でもって育てられた子どもは、問題解決に暴力を使うことを学んでしまいます。そういう子どもが大人になると、またぞろ次の世代の子どもを「ためを思って」殴るでしょう。それどころか、社会的に偉くなりでもしようものなら、「正義のために」外国と戦争をはじめることだってするかもしれません。育児と教育の中の暴力が、社会の中の暴力をつくりだし、さらには戦争などの政治的な暴力を許す元凶なのです。

現されて、外に向かって使われる。見ればすぐにわかる。それは必ず伝わるものなのです。

感情は心の中にあるのではなく、他人との間にある。独りぼっちで怒っていても、やっぱり他人との間にある。次の行動を怒りでもって決着をつけようとしているから。だんだん腹が立ってきて「うん、これはやっぱり言ってやらなければならん」ということになる。

このように感情というのは、行動の原因ではなくて、目的を達成するための手段なんです。だから目的をはっきり意識すれば、非常に合理的に理解できる。

今は怒りという感情で説明していますが、我々が一番困るのがそれだからです。人間が絶えず愛用していて、一方ではいけないと思いながらも、やっぱり出てきて困っているのは、たいてい怒りの感情ですね。

怒りという感情の目的は、自分が上になって、相手を下にすること、つまり縦の関係を強化することです。言うことを聞かせたり、私のほうが彼より正しいと思ったり、何であれ対等でなくなること。喧嘩して勝つこと。我々が怒るのは、相手に言うことを聞かせるためなんです。私が支配者、向こうが被支配者ね。あるいは、私が正しくて、相手が間違っていると思うとき、人間は怒りますね。

◆「私は正しい」が怒りのもと

だいたい正しいとか間違っているとかという考え方は、いつも怒りと関係があります。アドラー心理学は、正しいとか間違っているとかという見方をとてもいやがります。そのかわりに「生きるために、幸せになるために便利だ」とか「生きるために、幸せになるために不便だ」とかという見方は好きなんです。「それをやることは、みんなが仲よく生きるために不便ではないか」とか、「社会が成り立つ上で不便ではないか」とか、そんなふうに考えますけれど、あるものが正しいとか間違っているとかと考えることは喧嘩のもとです。なぜかと言えば、自由主義には自由主義の正義があるし、民族主義には民族主義の正義がある。またキリスト教にはキリスト教の正義があるし、イスラム教にはイスラム教の正義がある。正しいとか間違っているなんて言えないではないですか。

正しさというのは、結局その人だけの正義であって、人類全体の正義でもなければ、まして宇宙全体の正義でもないと思うんです。およそ、今までの人類の喧嘩というものは、戦争から夫婦喧嘩・親子喧嘩まで、正しいか正しくないかに関係して起こっているんです。

七十数年前、日本はアメリカと戦争しましたけれど、どちらにも言い分があるわけです。それで喧嘩になった。正しいとか間違っているとかそういう考え方をすると、きっと怒りが出てきて、相手と喧嘩しますから、もうやめよう。これが、よい人間関係をつくるポイントです。

子どもが正しいことをしているか、間違ったことをしているかということは、考えないようにしよう。私が正しいか、相手が正しいかも考えないことにしよう。それは誰にもわからないから。それは人間がわかることではないから。

ただ、あることをやっていることが、家族全体にとって便利であるか、不便であるか、あるいは社会全体にとって便利であるか、不便であるか。これは冷静に判断することができます。泥棒するということは社会全体にとってあまり便利なことではないです。本人にとっても、まして周囲にとっても。だから「そんなことをやっていると世の中のためによくないよ」とは言えるけれど、「泥棒は正義にもとるから間違っている」とは言えない。言わないほうがいい。

たとえば、非行少年に怒りを燃やすことが、その子が立ち直ることに役立つか。役に立たないと思う。こっちが怒ってしまうと、こっちが上になって、彼が下になります。彼を勇気づけることができなくなる。「勇気づけ」というのは、アドラー心理学がよい人間関係をつくっていく上で最も重視するもので、本シリーズの第4巻『勇気づけの方法』で詳しく話します。

だから、彼らのやっていることが間違っていると思ったら、もう助けることができない。彼らがやっていることは間違っているのではなくて、本人にも不便、周囲にも不便な生き方を選んでしまっているだけだ。だからもっと便利な生き方を教えてあげればいいんですね。

浮気をしている亭主もそう。いつも遅刻をしてくる会社員もそう。間違ったことをしているわけではない。奥さんとの関係、子どもとの関係、または上司や仲間との関係の中で大変不便なことをしているわけです。もっと役に立つ、みんなにとって有益な、貢献できる生き方があるのに、それをたまたま知らないで、また見失って、より不便な破壊的な選択をしているだけ。

だからその人に対して、腹を立てたらもうアウトです。「あなたが間違っている」と言って怒りはじめたら、相手が下、自分が上でしょう。すると、相手との関係は必ず悪くなる。

そういうふうに、怒りという感情、あるいは正義という考え方は、いつも人間関係を縦にして、自分を上に置いて相手を下に置こうという目的に向かってつくりだされて使われます。そして、縦の人間関係というのは、いつもとても破壊的です。

人間関係がうまくいっている、円滑にいっているというのは、自分と相手が横の関係にあるときです。それ以外の場合は何かのトラブルがある。なぜかと言うと、下にされたほうは必ず上になろうとしますから。ずっと下でいるのは誰だっていやですから。

◆大人と子どもの間に横たわる差別

昔、士農工商の身分制度があった時代には、お侍が上で百姓が下でも、みんなそれが当たり前だと思っていた。ほんの少し前まで、男性が上で、女性が下というのが社会的な合意だったから、男性が特別待遇でもいやがられはしなかった。今は男性が上で、女性が下だと言った瞬間、袋叩きに遭います。それと同じように大人が上で、子どもが下というのも、今の子どもたちは認めないのです。

〇歳の子どもであっても我々と同等です。それを我々が上で、彼らが下だと思ってつきあったら、反発を食らう。男でも女でも、大人でも子どもでも、人間である限りみんな平等なんですよ。*

長い人類の歴史の中で、結局、歴史的にずっと下におかれていた側が勝っているんですよ。最後の差別は大人と子どもの差別です。これも必ず大人が負けます。歴史の必然で負けます。大人と子どもとが完全に平等だということを、大人が認めるまで子どもたちは戦いつづけます。彼らのほうが元気だからね。僕らはおじんだからだめです。

*「今日の子どもたちは大人の独裁を受け入れません。彼らは現代の民主主義の雰囲気を肌で感じているし、責任を持てる、価値のある、自己決定できる人間として扱ってもらうことを望んでいます」(ルドルフ・ドライカース)

縦の人間関係から横の人間関係へ

横の人間関係を保つということをはっきりと意識し、それを学んでいけば、怒りだとか、その他の不合理な感情を使う必要がなくなるわけです。

逆に、怒りだとか不安だとか、憂うつだとかいう感情が、親子関係だとか夫婦関係だとか、その他の人間関係の中にいつも出てくるということは、自分自身が縦の人間関係をつくろうとしている証拠です。それをまずチェックしてほしい。人よりも上に立とうとしているのでないか、縦関係をめざそうとしているのではないか。九九・九九パーセントそうですよ。

それには美しい言いわけがいっぱいついているんです。でも、結果的にやろうとしていることは、相手よりも上に立とうとしていること。あの子のためを思って言ってやっているんだとか言うけれど、しょせんそれは言いわけです。

自分自身の言葉を信じてはいけない。それは自分自身を正当化しようとする陰謀だから。それよりも結果的に自分がめざしている位置・場所を、対人関係の中で思い浮かべましょう。

あなた方が自分の子どもとか、ご主人とか、姑さんとか、あるいは会社の中で理想としている関係は、要するにあなたが王様で、あなたが言うとおりにみんなが「ははあ、わかりました」と言って動いている関係ではありませんか。そのイメージがある限り人間関係というのはうまくいかない。

◆「理想の男性」の矛盾

みんな結婚のときから、間違ったイメージを持って暮らしはじめる。私はこのごろ、結婚前の若いカップルのカウンセリングをやることが多いんですが、彼らの多くは、出だしから間違ったことを考えている。つまり相手と相性がよくて、一心同体で、互いに同じことをいつも考えていられたら、幸せになれるだろうと思っている。

これは一見そうみたいに思えるでしょう。でも、実はこれは支配欲なんです。相手が自分の思うとおりに動けばいいなあと思っているんです。でもそんな人間、いませんよ。

結婚してみればよくわかるけれど、夫婦に与えられた課題はいったい何かというと、自分とは違った物の見方をし、違った感じ方をし、違った生き方をする人と、どう生きていくか、なわけです。それを、できるだけ自分と同じ種類の人を、と望むから、まず最初に失望するわけね。

親子関係もそうなんです。子どもは、我々と違う人間なんですね。まったく違う時代に生まれて、まったく違う人とつきあい、まったく違う趣味を持ち、まったく違う考え方を持つ人たちと、どうつきあっていくか。これが課題なんです。

このごろの若い女性はとても馬鹿げたことを考えているのね。働き者で、優しい男性がいいと言う。そんなもの、働き者だったら優しいわけないのよ。年功序列が崩れて、ひどい競争社会になって、アグレッシブでなければ生き残れない。優しくなんてしていられないんですよ。どちらか片方しか取れないのに、どちらもある人が理想だという。これ、最初から間違い。

さらに何とも根性の悪いことにですね、結婚して幸せにしてもらおうと思ったりしている。そんな阿呆な話はないと思う。ちゃんとした男にくっついて幸せにしてもらおうという考え方は間違っている。一生苦労するかもしれないけれど、彼と一緒だったら、私はどんな苦労でもしようと思い、それが私の幸せだと感じるほうがいい。

経済的に安定しているとか、ずっと将来が見通せることとか、そんなことはまったく望まないような生き方がいい。女はそんなふうに生きるべきだと思うんです。男の寄生虫になって、幸せになろうなんてことを考えている限り、男女平等なんてあったものではない。

今の男は根性なしですから、女の子を口説くときに「君を幸せにするからね」なんて言うけれど、そんなことができるわけがない。昔の男は女を口説くときに「俺と一緒に苦労しないかい」と言った。これ本当なんです。最初から一緒に苦労しようと思って、それで結婚しているならば、これは横の関係なんです。あの人にくっついて幸せにしてもらおうと思っているのは、さあ女が上でしょうか、男が上でしょうか。これは女が上ですよ。だって男を働かせて、そこからちゅうちゅう吸い上げていこうというんですから、女が上です。いずれにしても、縦の関係。

結婚の出だしから縦の関係だから、それに伴って出てくる対人関係は、みんな縦の関係です。親子関係や、嫁姑関係もね。その結果、絶えず感情が波立つわけですよ。およそ縦の関係があるときに、我々の感情は騒ぎだすのですから。あなた方が日常生活の中で感情的になることがあるとしたら、それはどこかに縦の関係があるからです。

◆平等と役割の違い

平等だということと、同じだということを混同してはいけない。平等と同じということが一緒だったらとても不平等です。

大人と子どもは、身体の大きさも能力も知識も経験も同じではない。けれども平等なんです。男と女も同じではない。身体の構造も、考え方も違います。けれども平等なんです。奥さんが亭主とまったく同じことをして暮らすのだと主張したら、家の中はもめますよ。嫁と姑がまったく同じことをしたら、家の中はやはりもめます。それと平等、対等というのは別のことなんですね。人間としての値打ちと社会的な役割の分業とは別のことなんです。*

社長と平社員も平等なんです。社長はたとえば、命令・指示を出す役割なんですね。平社員はわかりましたって言う役割なんです。その違いは人間としての価値ではないですね。家の中でもそういうことはありえるのですよ。亭主がいつも威張っていて、奥さんは黙って聞いていて、それで平等ということもありえるのです。その逆もありえる。両者が合意していればね。

だから、私が言う平等というのは、ちゃんと役割の分業をみんなで決めて合意していれば、必ずしもみんなが同じことをしなくてもかまわないんです。誰かが偉くて誰かが下だということはない。そういう関係がうまく実現すれば、心はとても穏やかになります。

◆人生設計を変える

いったん感情をつくりだしてしまうと、その感情そのものはどうすることもできない。怒っているときに、この怒りをぎゅっと押さえつけようと思っても押さえつ

*「アメリカ人の多くは、平等とは『同じであること』だと思いこんでいます。これは大間違いです。人間は一人一人みんな違います。男と女は同じではありません。でも平等です。大人と子どもは同じではありません。でも平等です。私は、平等とは、人間一人一人の違いを認めた上での価値の平等をいうのだと思います。人間の価値は、その人の行為によっては決まりません。ただ存在しているだけで、すべての人は同じだけの価値を持っているのです。そのことに対して尊敬を払わなければなりません。それが平等主義ということです」(オスカー・クリステンセン)

けられない。口に出さないことはできますが、身体全体から怒りが立ちのぼりますから、他の人にすぐ見えてしまいます。それではそれを、わーっと発散したらなくなるかというと、なくなりはしない。

アドラー心理学以外の心理学は誤解をしているんですが、感情というのは心にたまっているものだから、外に吐きだせばなくなると思っているんです。なくならないですよ。怒りがたまっていて、それを吐きだせば、怒り癖がつくだけです。何かというと怒ることで問題を解決しようとするクセがつくだけだから、あの方法はまったくだめ。とても馬鹿げています。

怒りを発散させれば、怒りという感情はなくなるという考え方は、怒りが行動の原因だと誤解している考え方ですね。原因だから、それをなくせばいいだろうという。

でも本当は怒りは結果なんですよ。ある目的に向かって生きていくという、この人生設計そのものを変えない限りだめです。

つまり縦の関係をめざし、その中で自分が上に立とうという、そもそもの設計があるから起こってくるのであって、そいつをなくさない限りだめなんですね。出てきた怒りを押さえつけるのは猛烈に不健康。誤った目的に向かって生きているという根本的な原因を取り除かなかったら、いくらでも怒りは出てきます。押さえつけ

よい人間関係とは

アドラー心理学の考え方	旧来の考え方
尊敬 相手の状態や行動とは関わりなく無条件に相手を尊敬し、常に礼節を持って接する。	**尊重** 相手の地位や能力を評価し、自分より優れていると判断したときだけ尊重し、劣っていると見るとぞんざいに扱う。
信頼 基本的に相手を信じ、常に相手の行動の背後にある善意を見つけようとする。相手には能力があるとみなす。	**信用** 基本的には相手を信じないで、常に相手の行動を見て、それによって信用するかどうかを決める。相手の能力を疑う。
協力 原則としては、頼まれない限り、相手の人生には口や手を出さない。頼まれればできるだけ援助する。	**保護・干渉** 頼まれているかどうかには関わりなく、自分の判断で、相手の人生に手や口を出す。
共感 相手のおかれている状況、考え方、意図、関心などに、対等の人間として関心を持つ。	**同情** 自分は相手よりも上位にあると感じながら、相手の感情に対して感情的に反応して、連帯したつもりになる。
話し合い 調整の必要があれば、冷静に、理性的に話し合って、合意に達するように努める。	**思いやり** 言葉で話し合うよりも、暗黙に合意しあうことを重視し、相手にも自分の考えを察するように求める。
平等 各人の個性を認め、各人が自分の行動に責任をとって他者に迷惑をかけない限り、最大限の自由を認める。	**無差別** 全員一律でなければならないと信じ、個人の違いや好みを無視して、同じことをさせようとする。
寛容 自分の価値感は絶対的なものではないことを知り、他者をそれではかることをせず、また、他者に自由を認める。	**独善** 自分の善悪良否の基準を絶対的なものだと思いこんで、他者をそれではかり、他者にそれを強要する。
主張的 感情的になることなく、冷静に主張すべきことを主張し、しかも相手を傷つけないように配慮する。	**攻撃的または非主張的** 感情的になって要求を通すか、あるいは、相手を傷つけないために要求をしないでおく。

てもいくらでも出てきます。そして、どんどん不健康になっていきます。その怒りは内向して、胃潰瘍になったり、心臓が悪くなったりする。もっともそうした病気になるのも、目的があって使われる手段にすぎませんが。

8. 横の人間関係の特徴

相手を尊敬すること

まず横の関係の中では、各々のメンバーが相互に尊敬をします。

尊敬というのは、相手の状態、相手の行動などに関わりなく、無条件に相手を尊敬し、接することを言います。すなわち、○歳の子どもであっても、あるいは認知症の老人であっても、あるいは統合失調症の患者さんであっても、外国人であっても、違う宗教の人間であっても、違う思想の人間であっても、そのようなこととはいっさい関係なく、相手が人間である限り、まったく対等の仲間として、一緒に暮らしていく協力者として尊敬をすると、そういう意味です。

これに対して、旧来の考え方の中では、尊重ということのほうがむしろ強調されますし、尊敬というのも、目上の者、自分より上の者を尊敬するということに限って使われていました。目下の者に対しては尊重という考え方をしました。これはあまりよい考え方ではないと思います。

もちろん、目上の、たとえば職場の上司を尊敬しなければならないけれども、それと同様に、目下の、年下の人、子どもたち、職場の部下を尊敬しなければならない。まったく同じように尊敬しなければならないと思います。

尊重という考え方は、結局相手の地位や能力をまず評価する。相手の好意を評価する。そして自分が優れている、相手が劣っている、だから尊重しよう、あるいは相手が優れている、自分より上である、だから尊敬しようというような、価値の判断がまずあって、その上で自分の態度を決める。そして、相手が上だと尊敬し、相手が下で、しかも自分の気に入れば尊重しようとするのです。従って、たとえば相手が間違っているとか、劣っているとかいうふうな判断を下すと、たちまちぞんざいに扱うということになるわけです。

そのようなことではよい人間関係は維持できないと、我々は考えます。どのような状態であっても人を尊敬すること、相互に尊敬しあうということが大切だということを最初に言いましたが、相互にと言いますのは、あくまでも私が先ということです。私は相手が私をどのように扱おうとも相手を尊敬しよう。そうすればきっと相手も尊敬でもって応えてくれるだろう。そして相互尊敬という関係が生じるだろうと思うのです。

尊敬というものは、人に強要できるものではありません。私を尊敬するようにと、相手に強要したとすれば、私は相手を尊敬していないわけです。そうではなくて、私が相手を尊敬するということからはじめなければならない。*

相手を信頼すること

次に信頼。これは、前に「信用」と「信頼」の違いというところで、だいぶ話しました。

信頼というのも、私が相手を信頼するということからはじまって、相互信頼関係に入っていくのだというふうにお考えください。相手に信頼を強要したのでは、相互信頼関係には入っていけません。

信頼というのは、基本的に相手を信じて、相手がどんな行動をしていようと、その向こう側には必ず善意があるのだということを信じるということです。そして、相手には基本的に問題を解決する能力があるのだと信じることとです。

たとえば、お嫁さんと姑さんの仲が悪いとします。で、この嫁さんが「お姑さんが意地悪ばかりする」と愚痴をこぼします。しかし、このお姑さんは、お嫁さんに対して悪意を持って、その嫁さんをへこませ、勇気をくじき、絶望させるために行動しているのではないだろうと思うのです。お姑さんなりの善意を持って、そのお嫁さんがご主人と仲よく暮らせるように、よい主婦であるように、アドバイスをし

*「愛を引き出すことができるのは愛だけであり、信頼を引き出すことができるのは信頼だけである。もしあなたが他人に影響を与えたいと思うなら、あなたは本当に他人を活性化し勇気づける人物でなければならない」（マルクス）

ているのだろうと思うのですが、いかんせん、その方法がまずい。上手な方法をご存じないので、つい間違った方法で、お嫁さんの勇気をくじく方向に、絶望させる方向に動いてしまう。しかし、その根本的な意図は善意なのだというふうに考えるわけです。

アドラー心理学では、人間の最も根本的な意図は善意であると考えます。なぜならば、人間の最も根本的な意図は所属だからです。共同体に所属をするということを目標に動いているわけですから、この目標は善か悪かといえば、これは絶対的に善です。ただその所属をするための手段として、たとえば復讐であるとか、たとえば権力闘争であるとかいうような、間違った副次的目標を置くことがあるかもしれません。それにもかかわらず、その究極的な目標は善なわけです。まずそのところをしっかりと見ないといけません。

このお姑さんは、家族共同体の中に所属をしたいのだと、自分の場所がほしいのだと、だからああいうふうにおっしゃるのだということをはっきり見抜けば、その方を信頼することができます。そして、お嫁さんが自分の行動を変えていくことができるわけです。

そのような意味での信頼、そして相互信頼ということが基本的な条件だと我々は考えます。

◆「信頼」と「信用」の違い再び

旧来の考え方では、信用ということの中身は、このような無条件の信頼ではなかったと思うんですね。

たとえば、非行少年の母親がよく「あなたを信頼していたのに、裏切られた」と言います。信頼というものは裏切られることができないんです。その人が生きている限り、人間として行動している限り、信頼しつづけるものであって、その人が適切な行動をするか不適切な行動をするかでもって、信頼したり信頼しなかったりするわけではないんです。相手の様子によって信じたり信じなかったりするのは信用ということです。適切な行動をしている限りあなたを信用しますし、不適切な行動をするならばあなたを信用しませんというのであれば、これは言葉の使い方として正しいと思いますが、こういうのは信頼とは言いません。

協力できること

第三番目に、協力ということ。競争するということをやめて、お互い同士協力しなければならない。

人間は、自立して、一人で生きなければならないと思います。人に依存し、あてにして、頼って生きてはいけない。自分の力で、自分の責任で行動しなければならない。しかし、人間は自分の力だけですべての問題を解決し、生きていけるものではありません。常に他者との協力、他の人との協力があって、みんなで共同で問題にあたらないと、この人生を生き残っていけない。

依存ということ、人に頼るということと、協力するということをはっきり区別したいと思います。協力とは、あくまでも自立ということ、すなわち人に頼らないで自分の問題は自分で解決するという姿勢があった上で言えることですね。

およそ、よい人間関係というのは、その基礎に成熟した健康なパーソナリティーが前提とされていて、第1章でお話ししたようなさまざまな条件が満たされていて、はじめてよい人間関係が実現してくる。また逆に、よい人間関係が実現してくると、健康なパーソナリティーが実現してくるという、相互的な関係にあります。依存的な、未熟な、子どもっぽいパーソナリティー、ライフスタイルのままで、協力をするということは不可能です。

協力というのは自立を前提にしていますので、頼まれない限り他の人の人生に口を挟まない、干渉しないということも含まれています。頼まれたときには「はい、協力しましょう」と言って協力しましょう。頼まれないのにお節介をする、くちばしを差しはさむというのは協力ではない。それは、過保護であり過干渉だろうと思います。

相手が頼んでいるかどうかには関わりなく、こちらの判断で、きっと助けてあげたほうがいいだろうというので、他人の人生に手を出し口を出すというのは、それは協力的な人間関係ではなくて、実は、自分の優越感を満足させるための、誤った行動、不適切な行動だと思います。

共感すること

それから共感ということ。これもよい人間関係の大切な条件だと思います。共感というのは他の心理学でも使われている用語なんですが、アドラー心理学では、少し変わった使い方をします。これは相手の感情、気持ちをわかることではありません。相手そのものをわかるということ。たとえば、悲しんでいるとか怒っているとかの意味での、相手のマイナス感情と言いますか、悪い感情をわかってあげるということだけではよい人間関係は築けない。そのような意味での共感は、むしろ、自分にはそのような感情がなく、私は安定していてあなたは不安定だという、一種の縦関係、一種の競争的な、競合的な関係を前提にして成り立ってくることだと思ってしまうのです。

ここで共感と言っているのは感情のことではなくて、相手のおかれている状況であるとか、あるいは相手の考え方であるとか、相手の意図であるとか、相手の関心であるとか、ということに対して、まったく対等の仲間として関心を持つことを言います。

アドラー自身の言い方をそのままに借りますと、「他者の関心に関心を持つこと」。この人はいったい何をしようとしているのか、何をしないでおこうとしているのか、そのような相手の生き方そのものに関心を持つこと、そして仲間として協力する姿勢を持つこと、それを共感と言っています。

◆「共感」と「同情」の違い

よく共感と混同されているのは同情ということですね。旧来の考え方の中では、相手の気持ちをわかるということをとても大切にする人がいます。これを我々は同情と言います。

同情というものは、先ほども言いましたように、自分が相手よりも上位にあって、自分は安全圏内にいるということを前提にして成り立っているわけで、隠された縦の関係であり、隠された優越コンプレックス、自分が優越であるということを確かめたいという動機による行動であると考えるので、これはよい人間関係の条件にはなりえません。

理性的に問題を解決すること

アドラー心理学では、感情でもってつきあうことではなくて、より理性的に、話し合いでもってつきあうことを重視します。調整の必要があれば、絶えず話し合おうとする、そして合意に達しようとするという、そういう動き方をとても大切にします*。

日本人は、理性的なつきあい方というのを、冷たいとか言って非常にいやがる傾向があります。それでは、お互い感情的になれば温かい人間関係なのか。お互い罵《ののし》りあい、貶《けな》しあいをすれば、本当にわかり合ったことになるのか。

決してそうではないと思うんです。そのようなことが起こるのは、スポ根漫画の中だけでして、現実の人間関係の中では、いがみあい憎しみあえば、ますますお互いの関係は悪くなるばかりで、それを通じて共通の理解ができ、本当に協力的な人間関係ができるとは思えないですね。

この人生で、我々が遭遇するすべての問題は、感情を使わないでも解決することができるのだ、というふうにアドラー心理学では考えています。感情を使って他の人たちとつきあい、感情を使って問題を解決するというのは、未熟な、子どもっぽい問題解決の方法なのです。従って、じっくりと合意に達するまで話し合おうとい

*私が「同情はいけない」と言うと、「アドラー心理学は冷たい」という人がいます。では、そういう人たちは「温かい」かというと、どうもそうではなくて「暑い」、さらには「熱い」のですね。アドラー心理学は「涼しい」んですよ。「冷たい」のではなくてね。

うふうに考えます。

日本では、特にこのことがいやがられています。思いやりと言いますか、相手が言わなくても、その意図するところを察知して素早く動くこと、暗黙のうちに合意して、阿吽《あうん》の呼吸、つうかあでわかることを非常に重視しますが、これは誤解のもとです。

これから次の世代は、もっと国際社会へ出ていかなければならない。我々の子どもたちが、いったい世界中のどこで暮らすのか、予想もつきません。そのような状況下で、旧来の日本にあった、腹芸、思いやりというものに頼っていったのでは、結局生活が破綻してしまうと思うのです。

我々の伝統的な文化の中でよいとされてきたものであっても、無批判によいとは言えないと思います。もう一度、再検討をしてみなければいけない。日本の文化の中で、本当によいと判断されるものは当然残していくべきだと思いますが、これではこれからやっていけないと思うものは、勇気を持って切り捨てていき、新しいやり方に変えていかなければならないと思うわけですね。

◆伝統的な育児はなぜだめになったか

アドラー心理学に基づく新しい人生の設計の仕方、新しい育児の仕方、新しい教育の仕方を話しているわけですけれども、日本の旧来の育児、旧来の教育法というものはよかったではないかとおっしゃる方がおられます。

それは確かによかったんです。日本の育児というものは、世界のさまざまな国の育児にくらべて、いい育児がなされてきたと、日本人は子どもをとても大切にし、とても深い愛情を持ち、よい育児をしてきたと思うんです。

ラフカディオ・ハーンがこんなエピソードを書いています。

ある男が強盗に入ります。そして夫婦のご主人を殺してお金を奪います。四年後にその男は逮捕されました。そして村の駐在さんが、その男を連れて被害者の家へ行くわけです。被害者の奥さんは犯行当時、妊娠中だったわけで、その子が生まれて、今は三つぐらいになる坊やがいます。そこへ駐在さんがその犯人を連れて行きまして、「奥さん、確かにこの男だったかどうか、四年前にあなたの家に入ってご主人を殺したのはこの男だったかどうか確かめてほしい」。で、奥さんは、「わからない。非常に暗かったし、動揺もしていたし、顔をはっきり思いだせない、だから私にはわかりません」と言います。そのときにその男は、その三つになる男の子を見ていて突然泣きだします。そして奥さんに謝るわけです。「私が悪かった。坊やを父なし子にしてしまったのは私だ」というふうに言います。

この話を、ラフカディオ・ハーンは非常に美しく書いています。日本ではこのように他人の子どもに対してさえ、人は深い情愛を感じるのだと、このような犯罪者でさえ子どもに対して深い情愛を感じるのだというふうに書いています。

これは明治時代の話で、今果たしてどうであるか、やや日本人として内心忸怩《じくじ》たるところがあるんですけれども……。ここで言いたいのは、日本の伝統的な育児は非常によい育児だったということ、ただしそれは、日本の伝統的な社会構造の中では、ということなんです。

日本の伝統的な社会構造、すなわち農村的な社会構造、親の仕事を子どもが引き継ぎ、親がつきあったのと同じ人たちと子どもがつきあっていく、そのような社会構造の中では、日本の育児は非常によい育児でした。

しかしながら今、組織化され、非常に広範な範囲で情報化され、人口の移動の激しいこの時代には、旧来の育児ではもはや不充分なわけです。ですから、世界のどのような場所に行き、どのような仕事をしても子どもたちが生きていけるように、育児の仕方を改善しなければならないわけです。

アドラー心理学の考え方は、このような立場に立つ提案です。ですから、日本の旧来の育児、旧来の対人関係のあり方を否定しようとするのではなくて、時代の変化とともに社会の構造が変わり、その中でもはや不必要なり、不合理になった部分は改善し、そして新しいより合理的なものと取り替えていきたいと考えているわけですね。

その中でも、特に理性的に話し合いをする、充分に話し合い合意を取りつけるという部分は、ぜひともこれから身につけていかなければならない部分だと思います。

主張的であること

そこで、自分の意見を正しく相手に伝える必要が出てきます。黙っていてはわからない。目配せや、頬のふくらませ方、唇のとがらせ方でわかってもらおうと思っても、通用しないんです。だから自分の考えを述べなければならないんですが、それに感情の衣を着せなくてよいのだ、冷静に、理性的に自分の話をして、それでよいのだと考えます。

相手を傷つけないこと、相手に悪い影響、破壊的な影響を与えないこと、そのことに絶えず配慮しながら、できる限りの配慮をしながら、なおかつ自分の意見をできるだけ述べるべきだと、お互い同士そのようであるべきだと、我々は考えます。

それは、「上手な自己主張の仕方」ということになりますが、これについてアドラー心理学は、とても実際的ですぐ使える提言をたくさん持っています。これはとても大切なことなので、本シリーズの第4巻『勇気づけの方法』で詳しく話します。

平等であること

これについては、さっき話しましたが、もう少し補足しておきましょうか。平等というのも、非常に誤解されている概念だと思います。たとえば男性と女性とが平等だと言いますね。これは本当に平等でなければならないと思うんですが……。でもそれはたとえば男性と女性とが同じ服装をし、同じ職業につき、同じような言葉を使い、同じように行動しなければならないという意味ではないのだと思います。男性は男性に適した職種が、女性は女性に適した職種というのがありましょう。男性は男性好みの服装が、女性は女性の好みの服装というものがありましょう。そういった男性の個性、女性の個性というものは尊重されなければならない、生かさなければならない。その上で平等であるということですね。

男も女も、大人も子どもも、教師も生徒も、親も子どもも、みんな同じでなければならないとするならば、それは平等ではなくて、私は無差別という言葉を使っていますが、無差別だと思います。

無差別は実は非常な不平等です。学校教育を考えるときに、このことはとても大切なことです。なぜ子どもたちが同じときに、同じことを、同じように学ばなければならないのか、そのことについてアドラー心理学は疑問を投げかけています。

たとえば六歳になった子どもたちが、同じ場所に集められて、まったく同じ内容を同じ方法で教えられるわけですね。六歳という年齢であったとしても、その子たちの発達は一人一人みんな違います。その子たちの個性は一人一人みんな違います。その個性に応じた、発達に応じた教育がなされなければならないのではないか。集団教育であっても、このことは工夫することによって可能だと思うわけです。そうしたときにはじめて平等が実現する。まあ、知的障害という言葉がいいかどうかわかりませんが、そういった子どもたちと、非常に知能の進んだ子どもたちが同じ教室で、まったく同じことを同じように学ばせるとすれば、それは両方にとって苦痛でしかないと思うんですね。

各々の子どもに最も適した教材を、最も適した方法で、最も適した時期に与えなければならない。そうしてはじめて平等ということが実現すると思うわけです。

私たち日本人は、平等ということと無差別ということを完全に混同してしまっていると思います。その結果この社会は非常な悪平等、非常な不平等の世界になってしまっている。そういう平等ではなくて、真の意味での平等、個人の個性を認めること、そして、各人が自分の行為に責任をとって、他者に迷惑をかけない限り最大限に自由であること、そのような平等が、よい人間関係の非常に大きな条件だと思うんです。

一人一人の好み、個性というものを最大限に許容したい。その上で人間としての価値には、いささかの隔たりもないのだと、天才的な子どもであっても、知的に問題のある子どもであっても、人間としての価値にまったく何の上下もないのだと、同じように平等なのだと、そういうことを認めていきたいと思うのです。

寛容であること

寛容も、よい人間関係を築く上で非常に大切な要素であり、しかもかなり見のがされている要素だと思います。というのは、よい人間関係という背後に、正不正、善悪という判断がいつもある程度入りこんでいると思うんです。

正義であるとか善であるとかいうものを、アドラー心理学は相対的なものだと考えます。時代とともに民族とともに、あるいは個人個人によって、正義あるいは善、不正あるいは悪の基準は違うのです。ですから、自分の正義、自分の善を絶対的な善である、絶対的な正義であると思いこむことが、数々の不幸を生んできたのではないかと考えます。

たとえば、近代になってからのほとんどの戦争は正義の名の下に行なわれています。第二次世界大戦で、枢軸側は枢軸側の正義があり、連合国側は連合国側の正義があった。ともに自らの正義を信じて闘い、そして人を殺したわけです。

今まで自然死、病死、事故死以外で、人間の死因として最も多いのは、「正義による死亡」ではないかと私は考えます。正義というイデオロギーが最も多くの人を殺したのではないか。

正不正の観念、善悪の観念を持つこと自体はよいことだと思います。しかし、自分の善悪の観念を絶対的なものだと思いこみ、他人がそれと違った善悪の観念を持っているとき、それに対して不寛容になって、それを攻撃し、迫害するという態度は、よい人間関係からほど遠い、独善的な態度だと思います。

9. 権利の主張と責任のとり方

人間の権利、個人の権利というものは最大限に擁護したい。それは、生きる権利、集団に所属する権利からはじまって、たとえば自分の好みの服を着る権利、好みの髪型をする権利、それから、閉じこもって家で布団の中にもぐって寝る権利まですね、すべての権利を保証したい。その一方で、人間の責任というものをやはり考えたい。

およそ一つの権利を主張すれば、必ずいくつかの責任が伴うと思います。一つの権利を主張することでどれくらいの責任が伴うかと言いますと……。

まず第一番目に、それと同じ権利、自分が主張しているのと同じ権利を、他人にも認める責任があると思いますね。私は大きな声で話をする権利がある、あなたは黙っていなければならない、これではとても不平等な人間関係だと思いますし、よい人間関係は到底保てないと思います。私は黙っている権利がある、けれどもあなたは黙っていてはいけない、これもいけないと思うんですね。自分とまったく同じことを他人が主張できるように、それを認める責任があると思います。

第二番目に、自分の権利を主張した結果起こるさまざまなことを、ちゃんと自分の行為の結果だと認める責任があると思いますね。あることを言った結果、他人を傷つけた。その人が私に対して「あなたの言い方で私はとても傷ついた」と言ったとすると、それは私が意図していなかったとしても、やはり私の責任だと思うのです。「あなたを傷つける気はありませんでした。けれども、もしあなたが傷ついたのであればそれは申しわけありません。これからそのようなことを言わないように気をつけます」と言わなければならない。「私はそんなつもりはないんだから、あなたは怒ることはないだろう」と相手を非難してはいけないということですね。

第三番目に、あらゆる権利主張をするときに、共同体を破壊しないようにする、もっと具体的に言うと、他者を傷つけないように配慮する責任があるだろうと思います。

我々には共同体を破壊する、他者を傷つける権利はないのだということです。従って、たとえば殺人の権利というものはないのだと。人を殺す権利を主張するそのときに、「私はこの権利を主張します。あなたにも認めます。あなたもどうぞ他の人を殺してください。私を殺してもらっても結構です。お互い殺し合いをして強いほうが勝ち残りましょうよ。その結果死刑になってもいいです。その社会的責任をとります」と言われても困る。もしもこの権利を認めますと、共同体そのものが存在しなくなりますね。ですから、このような権利は、取り決めによって、ないことにしておこうというふうに考えます。

つまり、人を殺す権利だとか、人の物を奪う権利とかいうものは、これはないのだということです。

もう少し小さなところでは、相手を意図的に傷つけるために、相手を罵倒するとか、相手が傷つくような物の言い方をするとかいう権利はないのだということです。それは、そういうことをしない責任があるから、それはできないのだというふうに考えていただきたいと思うんです。

失敗したときの責任のとり方

責任の話をしたついでに、失敗の責任をどうやってとるかということをお話ししておきたいと思います。

日本人は、失敗をしたときに腹切りをすれば、それで責任をとったことになると考える傾向があります。それはそうではないのだと思います。

あるとき、小学校二年生の女の子のカウンセリングをしていました。そういう年齢の子どもであっても、彼女自身が頼むのであれば、私はカウンセリングを引き受けます。親が、この子の相談に乗ってやってくださいと連れてきたのであれば、引き受けません。その子は、学校でいじめられているのでどうしたらいいか教えてほしいというので、カウンセリングを申しこんできました。

ややお行儀の悪い子で、寝転がって牛乳パックを飲みながらカウンセリングを受けていました。私はこのことを気にしません。なぜならば、彼女が私を尊敬していることは知っています。で、今やっている行為が、私を軽蔑し、私を傷つけるために行なわれているのではないことを知っています。彼女はこのような場面での適切な行動の仕方を親から学んでいないんです。カウンセリングのテーマは、お行儀をよくするにはどうすればいいかではありません。ですから私はそのことに干渉する気がありません。

私が干渉したいのは彼女に求められたこと、すなわち、学校でいじめられないためにはどうすればいいかだけです。

①原状を回復すること

ところが、彼女は牛乳パックを倒してしまったんです。牛乳がこぼれます。私のカウンセリングは公開で行なわれますので、何人かの見物人がいます。そのときも主にお母さん方が、数人見物をなさっていました。で、お母さんたちはただちにティッシュ・ペーパーを持って飛んで来たわけです。

私はそのときに言いました。「ちょっと待ってください。これは絶好のチャンスだ。彼女は今、失敗をしました。失敗の責任を学んでもらいたい」。これは教える権利があると思います。なぜなら私のオフィスだから。この失敗の結果、迷惑を被ったのは私だから。私は言う権利があると思います。そこで彼女にですね、「これ、後始末できる？」って聞いたんです。彼女は「うん」って言ってティッシュ・ペーパーをとってきてそれを拭いてくれました。

これが失敗の責任の第一番目、「原状回復」。失敗をした場合には、その失敗が起こる前の状態に可能な限り近づけないといけない。全部回復することはできないかもしれないけれども、常識的に考えて、可能な限り原状回復するというのが第一番目の責任だと思います。

②再発を防止すること

第二番目の責任は、「再発を防止」するということですね。同じ失敗を二度三度繰り返すのはよくないのではないかと思います。一度失敗するということは、これは人間である限り仕方がないと思うんですが、同じ失敗を延々と繰り返すとすれば、それはかなり無責任な行為と言わざるをえない。

そこで彼女に聞いたんです。「またこぼれるかもしれないけれども、どうしたらいいかな」。すると彼女は立ってお盆をとりにいきました。そしてそれを牛乳パックの下へ置きました。今度こぼれてもお盆の上にこぼれるわけですね。これはとてもいいアイデアだと私は思いました。で、「ありがとう」と言いました。

これで第二番目の責任、「再発防止」の責任を彼女がとったことになります。

③謝ること

第三番目の責任と言いますのは「謝罪」。そのために感情的に傷ついた人たちの、その感情を慰撫することです。今のケースでは私は感情的に傷つきはしませんでしたので、謝罪は必要ありませんでした。

私は私のオフィスで、彼女が牛乳をこぼしたことで、ごめんなさいと言ってほしくはありません。ただそのことから彼女に学んでほしかったし、彼女にその失敗の責任をとってほしかっただけです。ですから、彼女が後始末をし、そして今後失敗をしない工夫をしてくれればそれで充分だったんです。

私はこのときに、冷静な、理性的な話し合いをしました。決して上から命令をし、指示をし、非難をすることをしませんでした。なぜなら彼女とよい人間関係を保っていたかったからです。

◆よい人間関係とは共同体感覚に基づく人間関係

よい人間関係というものは、結局、たった一言で言うならば、共同体感覚に基づく人間関係です。* そして、共同体感覚というものは、このよい人間関係を体験する中で育ってくるのだと思います。

共同体感覚、すなわち健康なパーソナリティー、健康なライフスタイルというものと、よい人間関係というものは、表裏一体の関係だということを、もう一度申し上げたいと思います。

共同体感覚という言葉は、決して、こうあるべし、こうあるべからず、たとえば「責任をとりなさい、協力をしなさい、寛容でありなさい、不寛容であるのはいけないよ、無責任であるのはいけないよ」といったお説教ではないんです。これは、いわゆる道徳とは少し違います。これは実際の体験の中から身につけられるべき「感覚」だと思うのです。

次の世代を、共同体感覚のある、健康なパーソナリティーに成長させていこうとするならば、我々同士の間で、対等で協力的な、自立的な、各々が責任をとる、よい人間関係を実際に組み立て、そしてそれを一緒に体験していくしかないと思います。

＊共同体感覚というのは含蓄の深い概念なので、軽々しく使わないほうがいいように思っています。むしろX-27とかアルファPQとか、もっと意味のわかりにくい名前にしたほうがいいのではないかと思うくらいです。(引用は、かなづかい、句読点を一部変更してある)。

Q&A

――横の関係が大切なのはわかりましたけれど、実際に職場で上司や部下の関係になると難しく感じますが。

実は自衛隊にアドレリアンが一人います。で、同じような質問が出たときに、私はこのように答えたんですね。自衛隊のような組織では上下関係というか、指揮・命令の伝達系統が崩れますと全員が死ぬわけです。ですから、誰が指揮者であり誰が部下であるかということは非常にはっきり区別され、指揮系統、命令系統が常にきっちりとしていなければなりません。

自衛隊以外の組織、普通の会社であるとかいうところでも、指揮命令系統ははっきりしていなければなりません。

しかし、そのことと人間の価値とは別だということですね。上司が部下にある指示をする、部下がそれに従うということは、それは役割の分業なんです。

上司は大きな権限を持ちます。そのかわり大きな責任を持ちます。部下は小さな権限しか持ちませんが、責任の量も小さいわけです。そういう意味で、平等なわけですね。

その中での役割の分担なんです。役割の分担を人間の価値の上下と決して混同してはいけない。役割の分担についてはアドラー心理学はオーケーだと、役割の分担があることが平等なんだと言います。

もちろん、現代の日本の企業の中で、職制の上下が人間の価値の上下と混同されていることは認めます。それは非常によくないことだと思います。職制の上下は職制の上下なんだとはっきり意識すべきです。職制の上下はあっても、人間としては、上司も部下もまったく平等です。上司は部下を尊敬しなければならないし、部下は上司を尊敬しなければならない。そして、協力して企業という組織、企業という利益共同体を維持していかなければならないと、発想の転換をする必要はあると思います。

——社会に出ると実際には競争原理で動いている人たちが多いと思うんですけれども、小さいときからある程度競争に慣らしておかなくても大丈夫なんでしょうか。

このような質問はいつでもこのような話をするとあるんです。ところが、これは一つ重要なことを見のがしています。すなわち、競争的な対人関係にくらべて、協力的な対人関係は、より成熟した、進歩した対人関係だということですね。

つまり、協力的な人間は、もし競争しなければならないとなれば競争することもできます。一方、競争的な人間には、協力する能力が育っていないんです。

私はよく「人生はゲームだ」と言います。その中に競争ということが含まれることがありえます。ゲームとしての競争ですね。たとえば、将棋でも碁でもゲームですが、同じように人生もゲームかもしれません。

人生というゲームを楽しくする三つのコツというのがあります。

まず第一番目に、ルールを守ること。将棋であれ碁であれ野球であれテニスであれ、一方がルールを守らないと両方が面白くなくなりますね。ですからルールを守るというのは大事だと思うんです。

第二番目に、真剣にプレイすること。だらだら何だかいやそうにゲームをしたのでは何も面白くないんです。本人も面白くないし相手のプレイヤーも面白くないんです。

それと同じように人生というゲームも、真剣にプレイすれば、とても面白いですが、だらだらとやったのでは面白くない。

第三番目に、深刻にならないこと。その勝敗の結果にこだわって、そのために感情的にならないこと。将棋に負けたからといって首を吊って自殺をしたというと、これはおかしな話です。と同じように、入学試験に失敗したからといって、就職に失敗したからといって、会社が倒産したからといって、首を吊って死ぬのも、同じだけおかしな話だと思うんですよ。

競争原理に基づいて行動する人は、敗北に弱いんです。ところが、協力原理に基づいて行動しながら、ときにゲームとして競争をしなければならない場面でしている人は、勝敗の結果にこだわりません。勝っても面白かった、負けても面白かった、真剣にプレイしてとても楽しかった、ということになります。

ですから、実際の社会に出たときには、協力原理でもって育児をされ教育をされた子どものほうが、はるかに生活力があり、根強いわけです。

おわりに

「はじめに」にも書きましたが、本書の最初の原稿を書いたのは一九九一年のことで、当時私はまだ四〇代に入ったばかりのころでした。三五歳のときにアドラー心理学を学んで日本に帰ってきて、本書の第1巻と第2巻に相当する部分を一九八七年に出版して、より具体的な応用について書きたいと思っていたところに、広島のアドレリアン滝口純二さんと熊谷貞夫さんが、私の講演の録音を文字起こししてくださいました。さらに、岡山のアドレリアン大橋一法さんが「アドラー心理学基礎講座応用編」の録音を文字起こししてくださいました。それらを組み合わせて本書が成立しました。絶版になっていましたが、再版されることになって大変喜んでいます。

何度も言いますが、アドラー心理学は「お稽古ごと」であって、本から学ぶことはできません。本書を読まれた方は、ぜひ講習会やワークショップに参加してください。講習会等については下記に案内があります。

アドラーギルド　http://adler.cside.com/

また、日本アドラー心理学会にもぜひご参加ください。日本アドラー心理学会は国際アドラー心理学会の下部組織で、正しいアドラー心理学を伝承することを使命にして活動している非営利団体です。会員の年会費を基礎に運用されていますので、ぜひ下記のホームページをご参照の上、ご加入いただけると幸いです。

日本アドラー心理学会　http://adler.cside.ne.jp/

なお、アドラーギルドは私の事務所の名前で私企業ですが、日本アドラー心理学会はそれとはまったく独立の社団法人です。お間違えのありませんように。

本書の再版に関しては創元社編集部の松浦利彦氏と紫藤崇代氏にひとかたならぬお世話になりました。心から御礼を申し上げます。

野田俊作

寄稿

野田先生と私

岸見一郎
（哲学者）

NIFTY-Serve（パソコン通信サービス）で外国語フォーラムのシステムオペレータをしていたことがありました。ある雑誌に私の活動を伝える記事が掲載され、それが野田先生の目に止まり、フォーラムに入会してこられたのが先生との最初の出会いでした。もう三〇年以上前のことです。

出会いといっても実際に会ったわけではありませんでした。先生は私を六〇歳くらいだと思っておられましたし、私も先生が精神科医であることも、アドラー心理学を日本に初めて紹介された方であることも知らないまま、実際に会うまでにはなお数年を要しました。

私がアドラー心理学のことを先生に教えてもらったのは、子どもが生まれ悪戦苦闘していた時のことでした。先生からアドラーの"The Education of Children"という本を勧められました。これはタイトルから想像されるような子育てのことについてだけの本ではなく、アドラー心理学全般について論じたものです。

その後もアドラーの著作や、今回新しく出版された先生の旧著『アドラー心理学トーキングセミナー』を私は何度も貪るように読み、アドラー心理学の視点から自分やこの世界を見れば何もかもが鮮やかに理解できることに驚嘆しました。

私の専門は哲学ですが、「井戸端会議ができる哲学者になれ」という先生の言葉に大きな影響を受けました。私はその言葉を聞き、アドラーの息子で精神科医のクルト・アドラーが父親を評した時に使った言葉を借りるならば、「肘掛け椅子にすわり観念だけを追い求めるインテリとは正反対の哲学者」であろうと決心しました。「井戸端会議ができる」というのは、専門家にしか通じない言葉で語ってはいけないということです。後に精神科の医院などでカウンセリングをするようになると、言葉が難しかったら来談者に理解されないわけですから、先生の助言をありがたく思いました。

ある時、プラトン哲学について教授が講義するのを聞いてから家に帰ろうとしたら、それまで目の前にあった階段が消えてしまいました。目に見え、手で触れるものだけが実在ではない、それどころか万物は流転し、この世には実体といえるものはないという話をその日私は講義で聞いたからです。哲学を学ぶというのは哲学者が説いた思想を知識として学ぶことではなく、この世界はどのようなところで、その世界でどのように生きるかを学ぶことですから、どの哲学を受け入れるかによって生き方が変わらないわけにはいきません。こんな話を私は先生に熱く語ったのでした。

その話を聞いた先生が、心理学でも同じことがあって困っているという話をされたことを今もよく覚えています。哲学もアドラー心理学も単に知識として学んでも意味はありません。自分や世界について相容れない考え方が自分の中で共存することはありえないので、シンクレティズム（混合主義）では駄目だということです。

哲学やアドラー心理学を学ぶことが生き方に関わるというのは、次のような意味です。プラトンの対話篇に登場するある人物が、ソクラテスと対話をするといつも次のようなことになった、といっています。

「あなたはご存じではないように私には思えるのですが、ソクラテスに近づいて対話をしていると、最初は何か他のことから話し始めるのに、ソクラテスの言葉に引っ張り回され、ついには必ずその人自身のことに話は及び、今、どんな生き方をしているか、それまではどんなふうに生きてきたかをいわされることになるのです。いったんそうなると、その人のいったことを何もかも吟味するまでは、ソクラテスは、離してはくれないでしょう」

ソクラテスと対話をするということは、ソクラテスによって生き方の吟味を受けるということでした。

「吟味を受けない人生は、人間にとって生きるに値しない」

哲学を学ぶこともアドラー心理学を学ぶことも、生き方を吟味することです。吟味を受けるというのは、自分の生き方について吟味を受けるということです。吟味されることには痛みを伴います。ソクラテスと話した人はこんなことをいっています。

「私は毒蛇よりももっと痛いものに、それも人が噛まれる場所でもっとも痛いところ、魂を噛まれたのだ――哲学の言葉によって」

野田先生もソクラテスのように私を決して離してはくれませんでした。わが身にまだまだ多くのものを欠いていることを見抜かれているだろうと、先達のことをいつも気にかけながら今も生きています。

先生の本を改めて熟読し、アドラー心理学を学び始めた頃の初心に立ち返りたいと思います。

索　引

著者略歴

野田俊作（のだ・しゅんさく）

一九四八年生まれ。大阪大学医学部卒。シカゴ・アルフレッド・アドラー研究所留学、神戸家庭裁判所医務室技官勤務の後、新大阪駅前にて相談施設（アドラーギルド）開業。日本アドラー心理学会認定指導者、初代日本アドラー心理学会会長。著書『アドラー心理学を語る1　性格は変えられる』『同2　グループと瞑想』『同3　劣等感と人間関係』『同4　勇気づけの方法』『クラスはよみがえる』『アドラー心理学でクラスはよみがえる』、訳書『アドラーの思い出』（いずれも創元社）など。

アドラー心理学《しんりがく》を語《かた》る3
劣等感《れっとうかん》と人間関係《にんげんかんけい》

二〇一七年二月二〇日　第一版第一刷発行
二〇二五年二月一〇日　第一版第一一刷発行

著　者　野田俊作
発行者　矢部敬一
発行所　株式会社　創元社
〈本　社〉〒五四一-〇〇四七
大阪市中央区淡路町四-三-六
電話（〇六）六二三一-九〇一〇㈹
〈東京支店〉〒一〇一-〇〇五一
東京都千代田区神田神保町一-二　田辺ビル
電話（〇三）六八一一-〇六六二㈹
〈ホームページ〉https://www.sogensha.co.jp/

印刷　モリモト印刷　組版　はあどわあく

ISBN978-4-422-11633-4 C0311